Le jardin surélevé

collection 100% jardin

Pour bien commencer

Les légumes

Les fruits

Problèmes courants

Avant-propos

Grand jardin à la campagne, petit jardin en ville, cour dallée de béton dans une cité, jardin ouvrier à la terre épuisée, friche au bord de la mer, jardin jonché de cailloux, quel que soit le cas, si vous ambitionnez de cultiver vos propres légumes bio, le jardin surélevé, ou jardin hors-sol, est la meilleure façon de se lancer. L'installation initiale nécessite un effort certain et vous occasionnera une bonne suée : conception des plans, manipulation des plantes, confection des bacs, transport d'engrais de ferme et de compost de champignons usagé, pose de la clôture, etc. Mais, une fois votre jardin surélevé installé et opérationnel, le travail sera relativement facile. Imaginez donc… finis les travaux éreintants qui cassent le dos, fini le double bêchage, plus besoin de se creuser la tête pour évaluer la qualité du sol ou de passer dix ans à tenter d'améliorer la terre, finies les cures de prétendus remèdes universels chimiques, quasiment plus de désherbage. La culture en parcelles surélevées des légumes est très avantageuse. Franchissez une étape supplémentaire en élevant des poules, en compostant tous vos déchets alimentaires et en transformant en paillis une partie de vos papiers usagers. Vous serez alors en mesure de bénéficier d'un système écologique autosuffisant qui vous apportera un maximum de production pour un minimum d'investissement. Quant à la question récurrente de combien de temps il faudra avant de pouvoir consommer ses propres produits, la réponse est simple : dès que vos bacs surélevés seront installés, la culture proprement dite pourra commencer.

Édition originale : The No-Dig Garden
© 2011 New Holland Publishers (UK) Ltd, London
Conception de la collection « Specialist » :
© 2004 AG&G Books

Illustrations et photographies :
© 2011 New Holland Publishers (UK) Ltd
Auteur : A. & G. Bridgewater

Édition française
Traduction : Véronique Dreyfus
Direction éditoriale : Delphine Bletry
Édition : Thierry Olivaux et Émilie Franc
Conception graphique : Emmanuel Chaspoul
Mise en page : Sophie Compagne/Albert&Cie
Fabrication : Annie Botrel
Couverture : Véronique Laporte

© Éditions Larousse 2012

ISBN 978-2-03-585695-1
Dépôt légal : février 2012

Avantages du jardin surélevé

Qu'est-ce que le jardinage en parcelles surélevées ?

Le jardin surélevé permet de cultiver des légumes bio et d'autres plantes dans des bacs placés en hauteur, sans qu'il soit nécessaire de se casser le dos à bêcher ou d'enrichir la terre de son jardin. La qualité et la profondeur du substrat se vérifient aisément dans des bacs surélevés. Le contrôle et l'élimination des parasites et des maladies sont plus faciles.

Pas de bêchage

Le système hors-sol favorise la présence des vers de terre et autres organismes qui recyclent la terre. Grâce à l'efficacité du paillage avec le compost de jardin, le fumier, le terreau de feuilles et autres matières organiques dans les plates-bandes surélevées, on parvient à réduire la présence de ravageurs, des maladies et des mauvaises herbes, et à favoriser celle d'organismes utiles, tels les champignons, les vers, les insectes et les microbes. Cette méthode hors-sol semble peut-être trop sophistiquée, mais elle suit exactement le processus de la nature : la végétation tombe sur le sol, des vers et d'autres organismes recyclent les matières organiques qui viennent enrichir la terre, favorisant ainsi le développement d'une nouvelle plante, et ainsi de suite.

Désherbage réduit

Il existe un vieil adage qui dit « une année de graines de mauvaises herbes, ce sont sept années de désherbage » : si vous laissez germer les mauvaises herbes, vous en aurez pour sept années de bêchage et de désherbage. Le système hors-sol, lui, évite le problème en enfouissant les mauvaises herbes sous des couches de paillage. Ainsi, leurs graines n'ont jamais l'occasion de germer.

Économiser l'effort

La culture traditionnelle de légumes nécessite un gros effort de bêchage. Une partie du travail est gâchée par le piétinement qui compacte un bon tiers du lopin péniblement bêché. Avec les plates-bandes surélevées de la culture hors-sol, la disposition des chemins et des parcelles cultivées est définitive. Une fois le cadre installé, le travail est concentré sur les zones à cultiver.

Un équilibre parfait

La culture hors-sol favorise la présence de toute une vie souterraine utile, composée de vers de terre, d'insectes, de microbes et de champignons. Tous ces organismes participent à créer un milieu naturel préservé dans les couches supérieures de la terre qui permet d'obtenir un équilibre essentiel.

Autres avantages de la culture hors-sol

- La hauteur des plates-bandes surélevées et la largeur des chemins sont calculées en fonction de vos besoins, si vous êtes en fauteuil roulant par exemple ou dans l'incapacité de vous pencher.
- Les surfaces plus petites offrent un rendement supérieur.
- Le sol sous-jacent et les couches de substrat ne sont pas perturbés.
- La rétention de l'eau et des matières organiques est supérieure.
- Il est possible de cibler la structure et la composition du substrat pour chaque plate-bande afin de les adapter à un type de plante particulier.
- Les plates-bandes peuvent être conçues pour être chaudes, fraîches ou profondes.
- Grâce à la petite largeur des plates-bandes, il n'est jamais nécessaire de poser le pied sur la terre ou de s'étirer.
- La structure des plates-bandes permet d'installer facilement des filets, des brise-vent, des feuilles en plastique ou du voile d'hivernage.

Les jardins hors-sol, avec leurs plates-bandes et chemins surélevés, offrent un accès aisé à vos cultures.

Les plates-bandes surélevées

Quel est le matériau le plus adapté ?

Les plates-bandes surélevées qui délimitent les chemins et les zones de culture sont essentielles au jardinage hors-sol. Elles permettent également de maîtriser la qualité du substrat en jouant avec les couches de matière organique. Le jardinier en modifie la hauteur afin d'accroître ou de diminuer la hauteur de la terre selon les besoins des différentes cultures. Les plates-bandes sont fabriquées avec toutes sortes de matériaux.

Les matériaux

Pour la confection, vous avez l'embarras du choix : le métal, le bois, le plastique, la brique, la pierre, le saule tressé, la balle de paille, les vieux pneus de camion ou tout autre chose dont vous n'avez plus besoin (certains sont plus agréables à l'œil que d'autres). Mais il y a deux impératifs : la structure doit être durable et sa conception doit permettre de déplacer et/ou d'empiler les bacs.

Le saule tressé est esthétique, mais fragile et pas vraiment adaptable. La brique a belle allure et dure longtemps, mais une construction en brique est définitive et non modifiable. Les gros pneus de camion sont résistants et se stockent facilement, mais ils retiennent trop d'eau et abritent des ravageurs, souris et fourmis. Réalisez donc vos plates-bandes en fonction des matériaux disponibles dans votre région.

Une jardinière en bois de caisse traité, facilement disponible, est une option rapide mais onéreuse.

Réfléchissez bien avant de construire une jardinière installée de façon définitive.

Ci-dessus : une longue jardinière profonde, constituée de planches de bois traité.
Ci-contre : aménagement de plates-bandes en traverses de chemin de fer, robustes et résistantes, modifiables et agréables à l'œil.

Jardinière particulièrement longue, en bois de caisse épais, traité, pas très esthétique mais merveilleusement pratique.

Jardinière de haricots verts avec un poteau central et dont le haut est amovible.

Un sac à gravats se transforme rapidement et facilement en jardinière provisoire.

Jardinière réalisée avec le haut d'un bac à eau de récupération galvanisé.

Les photos ci-dessus donnent une idée des nombreuses possibilités. Mais si vous souhaitez que votre jardin hors-sol soit réellement productif (un maximum de produits pour un minimum d'effort), alors l'aspect fonctionnel est essentiel. En page 13, vous trouverez des modèles de plates-bandes surélevées modifiables en bois, ainsi que des poubelles recyclées et des sacs à gravats très pratiques, qui répondent à cette préoccupation. Si vous testez un nouveau légume en faisant un essai dans une petite zone, à l'écart de votre potager, utilisez des sacs à gravats et des poubelles en métal recyclées avant de vous lancer dans des efforts et des dépenses pour fabriquer une jardinière définitive en bois.

Conception et équipement

Quel matériel me faut-il ?

Il est indispensable d'avoir un bac à eau et un abri pour vos outils de jardin. Si vous avez de la place, installez une annexe, comme une serre ou un tunnel, qui ne demande pas beaucoup plus de travail et facilite la vie dans un jardin hors-sol. C'est un plaisir de travailler au chaud dans une serre ou un tunnel accueillant, notamment lorsque le temps est humide et venteux, et cela permet d'allonger la période de culture.

Si vous avez de la place et de l'argent, la serre-tunnel est un bon choix.

Équipement de base

Les outils et le matériel dont vous aurez besoin sont représentés ci-contre. Vous pouvez également utiliser de vieilles poubelles en métal et de vieux filets et, si vous en avez les moyens, procurez-vous une déchiqueteuse à bois.

Eaux de pluie

Si vous possédez un abri de jardin, ou si votre jardin hors-sol est situé à proximité d'une maison, il est indispensable de récupérer l'eau de pluie dans un ou plusieurs récipients, vieil évier en métal ou autre. Bien sûr, ce mélange disparate de seaux, éviers, et autres n'est pas très élégant, mais c'est une façon très efficace de récolter de l'eau. Et cela permet d'arroser généreusement vos plantations, sans avoir besoin d'ouvrir le robinet du tuyau d'arrosage.

LES OUTILS

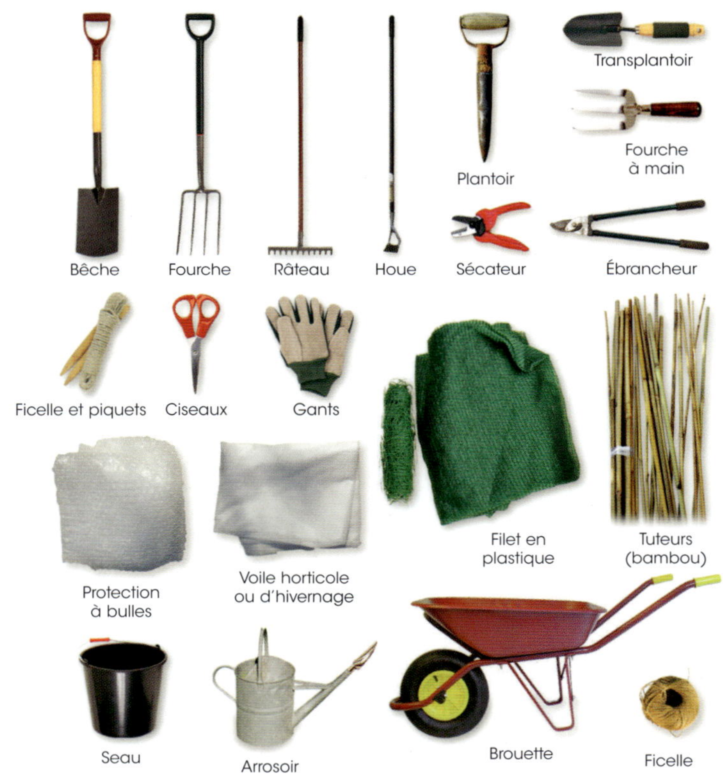

Remise

Vous pouvez bien sûr ranger vos outils chez vous ou dans votre garage, mais une remise est tout de même plus pratique. La remise idéale sera équipée d'un banc sur le côté, d'un vieux fauteuil, de nombreux crochets et étagères pour ranger les outils et autre matériel, d'une radio, d'une prise électrique pour le café ou le thé, d'un calendrier, d'un crayon, d'un carnet… Elle sera éclairée par la lumière du jour. Une remise n'est pas simplement un endroit où stocker des choses – c'est aussi un lieu où vous pouvez vous installer juste pour rêver.

Serres et tunnels

Tout cultivateur de légumes hors-sol, quelle que soit la taille de son lopin de terre, a besoin d'accessoires pour planter, lancer et renforcer les plantes en vue de leur transfert à l'extérieur.

C'est d'autant plus important si vous souhaitez allonger la période de culture. Pour cela, on peut utiliser des cadres recouverts de plastique, une couche de fumier surmontée d'une structure quelconque, des cloches, des voiles horticoles, des filets, etc. Mais l'idéal reste une serre ou, mieux encore, une serre-tunnel.

Serres en bois

N'importe quelle serre vaut mieux que pas de serre du tout. L'idéal est une serre en bois posée sur un petit mur en brique. Le bois se répare et se transforme facilement, et les briques retiennent la chaleur du soleil. Une telle serre doit être équipée d'un espace de rayonnage à hauteur de table et d'un choix d'étagères. Le choix de tailles et de formes de la plupart des serres est limité. Il faut dire qu'elles ne servent guère plus qu'à semer et à rempoter les jeunes plants.

Serres en plastique

La taille et la forme des serres-tunnels, ainsi que leur ouverture aux extrémités, les destinent à de multiples usages : semer, mettre en pot, cultiver une diversité de plantes avant de les transférer à l'air libre, cultiver des légumes directement en plate-bande (tomates, poivrons, concombres ou de nombreuses salades). Cette polyvalence leur donne l'avantage sur les serres classiques. Vous pouvez travailler par temps humide et venteux, planter tôt et cultiver tard.

OPTIONS

Se creuser les méninges pour utiliser des matériaux de récupération de façon à résister aux intempéries, à protéger les plantes contre le vent, le gel et à capter la chaleur du soleil, et plus généralement créer le meilleur environnement possible pour les plantes fait partie des joies de concevoir et fabriquer un jardin surélevé. Si vous aimez le recyclage, la récupération et le bricolage, vous prendrez beaucoup de plaisir.

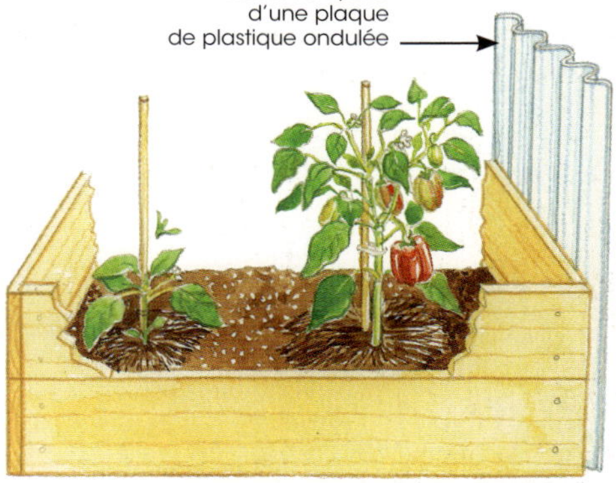

Plate-bande conçue pour cultiver des plantes délicates. Abritées des vents violents par les bordures élevées, elles profitent du soleil grâce à l'écran.

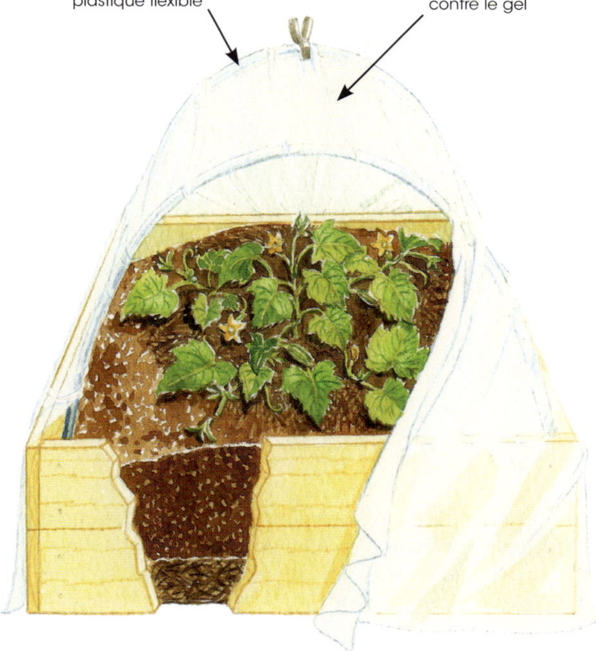

Plate-bande aux parois amovibles, conçue pour des paillages particulièrement épais. Permet d'installer des parois supplémentaires et d'ajouter du paillis selon la hauteur de la plante.

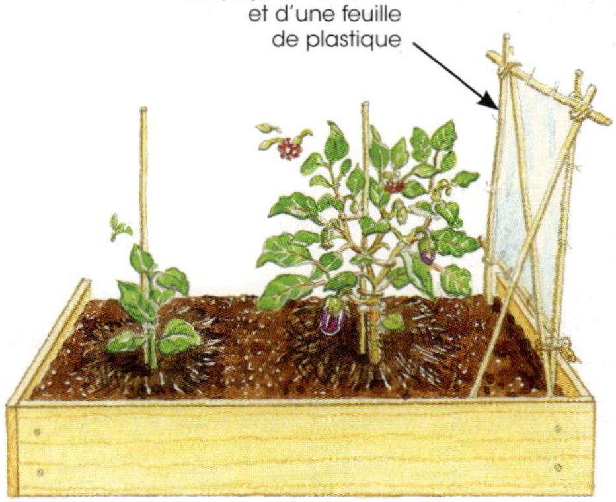

Petite jardinière avec installation d'un écran réalisé sur mesure pour protéger du vent ou pour concentrer les rayons du soleil sur la culture.

Le jardin parfait

Sur quels critères fonder son choix ?

Ce qu'il y a de fantastique avec les jardins surélevés, c'est que l'on peut faire abstraction, jusqu'à un certain point, du sol sous-jacent. Il faut tout de même tenir compte de l'exposition du jardin par rapport au soleil, aux gros arbres ou autres obstacles comme les bâtiments, ou parfois drainer un emplacement humide. Inutile, toutefois, de se préoccuper de la qualité du sol ou de le bêcher.

À vérifier

- L'idéal sera un emplacement plat ou très légèrement en pente face au soleil de midi.
- Il est préférable de protéger le jardin des vents dominants avec des arbres ou une proéminence sur le sol.
- Un bon drainage est essentiel ; évitez un jardin détrempé ou dont l'odeur est aigre.
- Une colonne d'alimentation, ou même plusieurs sont nécessaires pour installer un système d'arrosage.
- Si vous souhaitez ajouter une serre ou un tunnel, veillez à avoir suffisamment de place pour l'installer à l'arrière du jardin, de façon à ce qu'il soit exposé au soleil sans faire d'ombre au jardin.
- Assurez-vous d'avoir assez de place pour un abri de jardin, afin de pouvoir l'installer assez loin des cultures pour ne pas leur faire de l'ombre.
- Si votre jardin est long et étroit avec de hauts murs côté ensoleillé, placez les cultures côté opposé, afin qu'elles reçoivent un maximum d'ensoleillement.
- Si vous avez un très grand jardin à la campagne que vous pouvez organiser à votre guise, prévoyez deux ouvertures : l'une pour faire entrer chariots et brouettes, l'autre pour les faire sortir.
- Évitez les arbres ou les gros buissons qui pourraient absorber toute l'eau du sol et recouvrez les plantes avec leurs feuilles.
- Si vous avez un grand jardin et l'intention d'élever des poules, des canards ou des oies pour faire votre fumier, installez le poulailler à proximité du jardin.

Notez le filet qui protège les cultures du gel, les conteneurs à eau galvanisés et recyclés, et le plastique noir destiné à être recouvert de copeaux de bois.

Jardin de ville

C'est très bien d'avoir un jardin surélevé en ville, à condition qu'il le soit entièrement. Car cette méthode est plus fonctionnelle lorsque tous les éléments du jardin sont réalisés et positionnés de façon cohérente. Imaginez, par exemple, une famille, les parents et leurs deux enfants, propriétaire d'un petit jardin de ville composé de six bacs surélevés devant et d'une douzaine derrière, et de quatre poules dans un enclos. Il n'y a pas beaucoup de gazon, mais les enfants s'amusent tellement à jardiner qu'ils n'ont pas besoin d'une grande aire de jeu.

Jardin de village

Un jardin de village est un bon choix, car, dans une certaine mesure, la communauté rurale a tendance à être en phase avec la nature. Imaginez une famille, composée des parents et de quatre enfants, vivant dans une grande maison semi-mitoyenne avec un très grand jardin d'angle et une large bande cultivée au fond du jardin. Un imposant complexe de jardinières couvre presque toute la surface. Ils élèvent des poules, possèdent une vieille serre et une très longue serre-tunnel. Leur jardin est tellement productif qu'ils en font même profiter leurs voisins.

Jardin à la campagne

Le fin du fin, c'est un terrain vierge à la campagne. Cela permet de décider, dès le départ, de la meilleure disposition des cultures et d'organiser le jardin. S'il y a des arbres, un terrain pentu et autres obstacles, qu'importe ! Vous commencez à partir de zéro, vous pouvez aisément les contourner. Vous devrez peut-être, par la suite, modifier la hauteur des plates-bandes, l'emplacement des entrées ou d'autres éléments, mais cela fait partie du jeu.

LE JARDIN SURÉLEVÉ IDÉAL

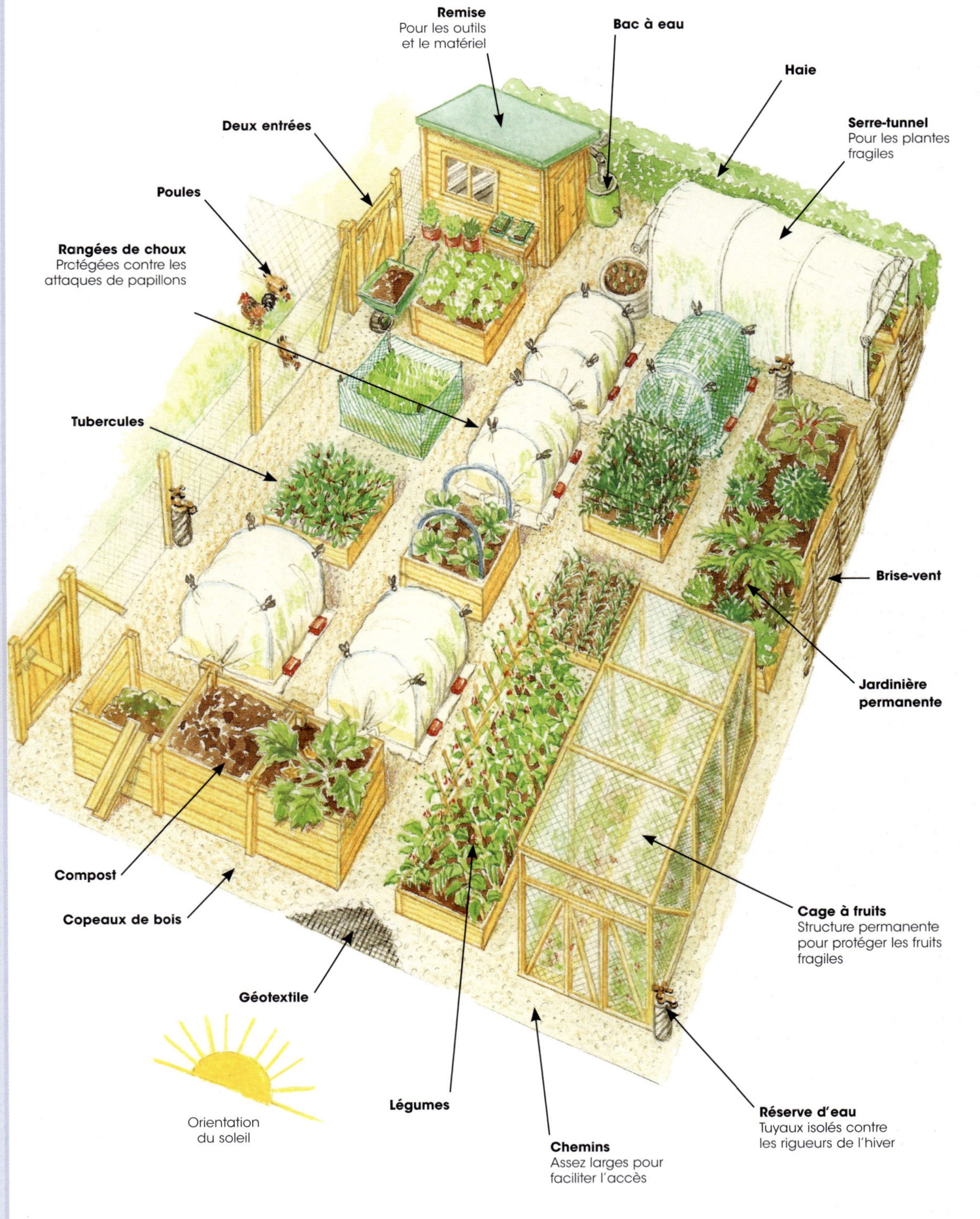

Petits jardins

Peut-on faire un jardin surélevé dans un petit espace ?

Il existe de nombreux exemples de jardins collectifs surélevés sur le toit plat de grands immeubles, de petits lopins dans un mouchoir de poche à l'avant d'une maison, de magnifiques plates-bandes ingénieuses avec des tôles ondulées ou des jardins en escaliers dignes des temples mayas. Si vous êtes enthousiaste et inventif, vous trouverez d'innombrables possibilités de tirer profit d'un espace réduit. Voici quelques idées.

Mélange de plates-bandes, de marches et de murets dans un petit jardin en ville.

Jardin béton

Un couple a emménagé dans une propriété dont le jardin était parsemé de parpaings en béton et de huttes en tôle ondulée servant de poulaillers. Ils les ont démontés, ont utilisé la tôle ondulée pour faire des plates-bandes qu'ils ont installées sur les parpaings. Puis ils ont tapissé le fond de fumier de volaille décomposé avant de faire leurs plantations.

Jardin serre-tunnel

Un autre couple s'est installé dans une maison de village avec un long jardin étroit quasiment entièrement occupé par une immense serre-tunnel (sans doute les vestiges d'une ancienne pépinière). Ils y ont installé un assemblage de plates-bandes surélevées, flanquées d'autant d'étagères et de paniers que la structure pouvait en supporter. Le reste du jardin a été livré à la volaille. C'est intensif et plutôt malodorant, mais cela leur convient.

Jardin de ferrailleur

Un vieux couple a emménagé dans une propriété à la campagne, dont le jardin est jonché de grosses caisses d'emballage en bois, de palettes et de tas de vieux pneus de camion : une véritable déchetterie. Ils ont empilé les pneus par trois pour faire des plates-bandes, transformé les palettes et caisses d'emballage en d'autres bacs à plantes et en cages à poules, puis ils ont récupéré du fumier dans les écuries voisines. Ils étaient alors prêts pour élever des poules et planter leurs cultures. Le jardin n'est pas très esthétique, mais intéressant au regard de son rendement et sa rigueur.

Solutions pour petits jardins

- Avoir un objectif unique : tout nettoyer et consacrer l'ensemble du terrain et toute votre énergie à travailler le moindre espace.
- Solliciter la municipalité pour créer des jardins partagés sur des parcelles en friche.
- Doubler votre surface de culture avec des plates-bandes en escaliers. Vous cultiveriez ainsi quelques légumes comme des salades, des herbes ou des tomates dans des pots.
- Regrouper vos forces avec un voisin, diviser votre projet en tâches (fabriquer des plates-bandes, s'occuper de la volaille, semer, planter), puis vous répartir le travail selon vos besoins et vos plaisirs.
- Vous associer avec plusieurs voisins pour créer une petite exploitation et avoir beaucoup de poules et une grande serre-tunnel. Vous pourriez ainsi tirer un maximum de votre installation et exploiter d'innombrables produits.
- Vous associer avec un voisin âgé : vous reprenez son terrain et, en échange, vous le fournissez avec autant de produits qu'il lui faut.
- Vous associer avec un voisin handicapé : vous reprenez son jardin et fabriquez des plates-bandes accessibles en fauteuil roulant. En échange, vous partagez les produits.
- Vous associer avec un voisin qui déteste le jardinage, mais apprécie les activités d'intérieur comme la cuisine. Vous reprenez son terrain, vous partagez les produits et il en transforme une partie en confitures, légumes surgelés, etc.

Concevoir un petit jardin surélevé

Parcourez le jardin à différents moments de la journée, au lever et au coucher du soleil, par tous les temps, et étudiez attentivement l'influence des saisons, de l'heure et du climat. Observez la largeur et la longueur du jardin, la hauteur des murs et clôtures de délimitation, la forme du terrain et sa position par rapport aux grands arbres et aux immeubles environnants, et réfléchissez. Souhaitez-vous transformer tout l'espace en jardin hors-sol avec des plates-bandes surélevées et un poulailler, ou simplement lui réserver une petite superficie ? Songez à la façon dont vos amis et votre famille utilisent l'espace. Réfléchissez à tout cela avant de concevoir votre jardin.

MODÈLES DE PETITS JARDINS

Petit jardin clos où le moindre espace est occupé au mieux pour l'esthétique.

Jardin entièrement composé de matériaux récupérés et recyclés. Il nécessite beaucoup de temps et d'efforts, mais quasiment sans frais.

RÉALISATION D'UN PETIT JARDIN SURÉLEVÉ

Fabrication de jardinières

Les jardinières sont-elles utiles ?

Les jardinières surélevées sont essentielles au jardinage hors-sol. Elles contiennent et délimitent la zone à cultiver, et permettent d'obtenir rapidement un substrat idéal. Les diverses épaisseurs de matière organique en décomposition dans le substrat reproduisent le cycle de la nature, réduisant ainsi les besoins en arrosage et désherbage. Les jardinières sont adaptables en hauteur et leur largeur modérée évite que la terre soit compactée en cours de jardinage.

JARDINIÈRE EN MATÉRIAU DE RÉCUPÉRATION

Vieille baignoire en métal reconvertie en bac surélevé.

Les sacs à gravats font de bons contenants pour les haricots d'Espagne.

On fabrique des jardinières surélevées avec tous types de matériaux, vieilles briques ou bois de récupération, mais également avec des baignoires, poubelles, bateaux en bois, brouettes, bidons d'eau, bacs à pommes ou sacs à gravats du bâtiment. L'idéal est un contenant de 60 cm de diamètre environ. Très solides, les vieilles traverses de chemin de fer font d'excellentes jardinières, mais elles sont très lourdes. Ces contenants doivent tous disposer d'un système de drainage. S'ils ne sont pas percés, il faut le faire soi-même. Le métal fin n'est pas le matériau qui convient le mieux, car il ne protège pas bien du gel. Si vous utilisez un sac à gravats ou des palettes, vérifiez qu'ils ne sont pas consignés.

Fabriquer une jardinière avec un sac à gravats

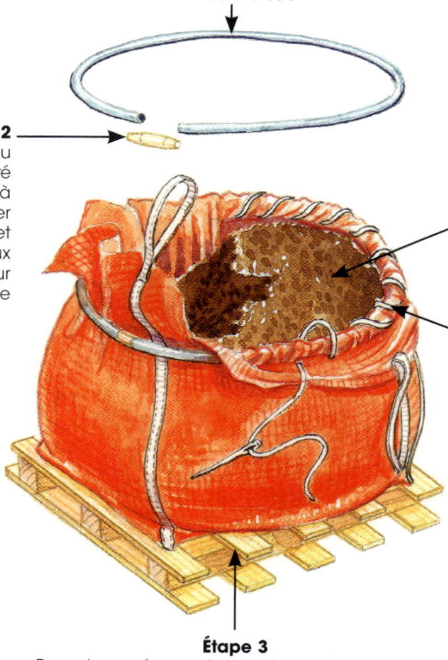

JARDINIÈRE EN BOIS TRAITÉ

- 90 cm est la largeur maximale pour une jardinière. Davantage, et cela deviendrait difficile d'atteindre l'autre côté sans marcher sur le substrat. Moins, et les matériaux seraient sous-employés. Les jardinières peuvent être carrées (comme le modèle ci-dessous) ou bien rectangulaires (de la longueur souhaitée), à condition que le site et les besoins spécifiques soient pris en compte (voir p. 8-11).
- Les éléments assemblés selon les indications ci-dessous sont emboîtables, ce qui permet d'adapter la profondeur du bac à des cultures spécifiques.
- Une structure en bois traité est résistante (durée de vie de 20 ans). Choisissez des vis en acier inoxydable pour éviter la rouille.

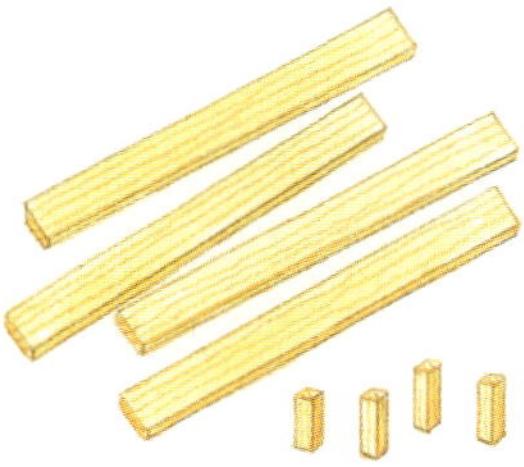

1 Matériaux nécessaires : 4 planches de 23 cm de large, 5 cm d'épaisseur, 90 cm de long ; 4 tasseaux de 23 cm de long, 7,5 cm x 7,5 cm de section.

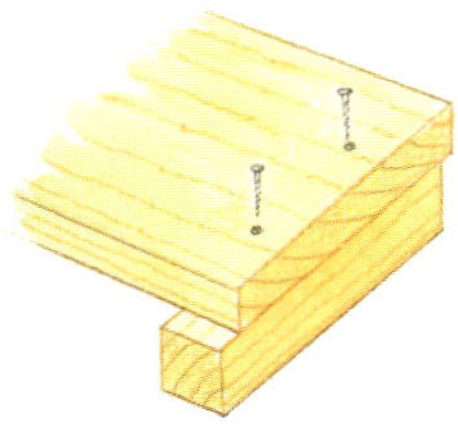

2 Vissez un tasseau à l'extrémité d'une planche comme ci-dessus, aligné sur le bord mais décalé de 2,5 cm. Les cadres s'emboîtent mieux si les tasseaux dépassent. Faites de même avec les autres planches et tasseaux.

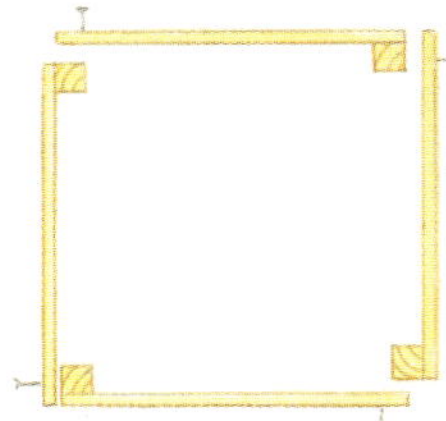

3 Assemblez les éléments pour faire un cadre carré.

4 Posez le cadre, tasseau dépassant vers le bas, sur un sol de niveau et exempt de mauvaises herbes. Puis remplissez-le de plusieurs couches dans l'ordre suivant : 5 cm de journal et papier kraft, 5 cm de compost, 5 cm de fumier et 7,5 cm de résidus de champignonnière.

Étudier l'agencement

La disposition des plates-bandes doit laisser le passage pour une brouette et prendre en compte l'exposition au soleil.

Agencement carré, avec des plates-bandes carrées de 90 cm de côté séparées de 70 cm.

Agencement en longueur, avec des plates-bandes de 90 cm de large et de diverses longueurs adaptées au terrain.

Agencement mixte de plates-bandes sur mesure et de bacs de récupération.

Préparer le sol

Les jardinières doivent être installées sur un sol relativement de niveau. Si l'emplacement est pentu, vous pouvez réaliser plusieurs terrasses. Les bacs en brique ou en pierre doivent avoir des fondations légèrement plus larges. Délimitez ces zones avec des piquets, de la ficelle et un mètre à ruban.

Créer des passages autour des jardinières

Les chemins sont indispensables. Vous pouvez les réaliser en feuilles de plastique ou en copeaux de bois comme ci-dessous. Les copeaux présentent l'avantage d'être aisément remplacés ou déplacés selon les besoins ou changements nécessaires. Un chemin en gravier, en béton, en dallage est plus définitif.

Recouvrez le sol de tissu horticole contre les mauvaises herbes, puis versez 5 cm de copeaux de bois.

Ou couvrez le sol de matériaux de récupération comme de la moquette ou du plastique. Percez le plastique pour le drainage.

Bac en traverses de chemin de fer

Les traverses de chemin de fer sont un bon choix pour créer un jardin surélevé définitif, répondant à toutes les exigences esthétiques et fonctionnelles. Elles coûtent cher, sont difficiles à déplacer et délicates à assembler. Leur installation ne se fera pas sans effort (il faut deux costauds pour positionner une traverse), mais une fois les plates-bandes mises en place, elles sont là pour durer. Malgré ou grâce à son poids indéniable, ce matériau présente un autre avantage : le sol sur lequel sont installées ces plates-bandes, ainsi lesté, n'a pas ou peu besoin de préparation. Si cette fabrication avec des traverses vous tente, commencez par observer la forme de votre jardin et à prendre des mesures. N'oubliez pas que la largeur idéale pour une plate-bande est de 90 cm, pour pouvoir travailler des deux côtés sans marcher sur le substrat. Ensuite, prenez des renseignement par téléphone. Une fois le type de traverses choisi (neuves ou usagées, dimensions et prix de livraison), vous pouvez commencer à faire des plans.

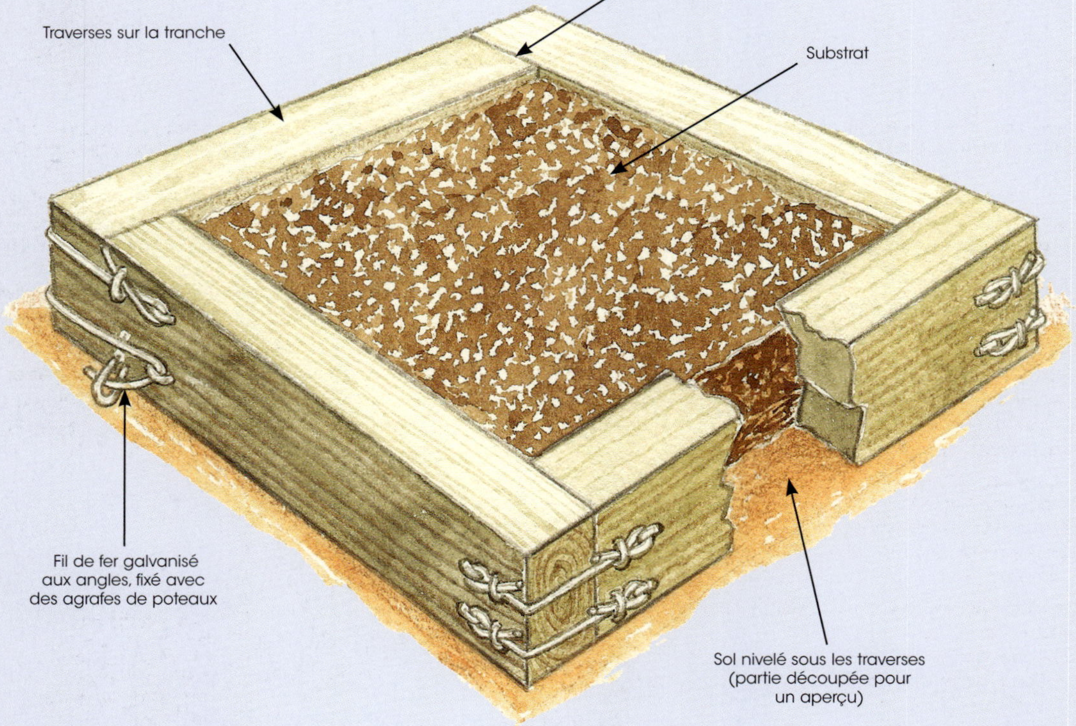

La conception des bacs

Les traverses de chemin de fer ont des poids et des dimensions standards : section de 13 cm x 22 cm à 15 cm x 26 cm, et longueur de 1,80 à 4,30 m. Pesant dans les 45 à 110 kg, elles sont difficiles à découper et à manipuler. Il est indispensable de concevoir, dès le départ, l'ensemble des plates-bandes. Mesurez votre terrain et, sachant que la taille idéale d'une plate-bande est de 90 cm, que les passages doivent être assez larges pour une brouette, décidez des dimensions de l'ensemble des plates-bandes, de façon à tirer le maximum de la longueur de la traverse. L'idéal est de mesurer votre terrain, de voir quelles traverses sont disponibles dans la région, puis de réaliser un modèle réduit de votre projet.

La découpe

Les traverses de chemin de fer de récupération sont lourdes, difficiles à manipuler et bien souvent truffées de clous tordus, de boulons rouillés, de bouts de fil de fer et toutes sortes de corps étrangers. Il faut toujours les manipuler avec précaution, d'autant plus si vous comptez les scier à la tronçonneuse. Vous avez trois possibilités pour les scier : avec une scie de grande capacité, à la tronçonneuse, ou bien les faire couper par votre fournisseur à la dimension voulue. Les coupes doivent impérativement être nettes et à angle droit. Si vous avez le moindre doute sur vos compétences de menuisier, il vaut mieux payer un peu plus et faire faire la coupe, accompagnée d'indications précises.

Agencement de plates-bandes

Agencement pour terrain rectangulaire, avec remise et bac à compost à trois compartiments.

Agencement pour terrain difficile, en angle, avec maison et murs du jardin d'un côté.

Agencement pour un jardin d'angle, où l'aspect fonctionnel prime sur le décoratif.

Entretien des bacs et des passages

- Les bacs édifiés en traverses de chemin de fer ou en bois traité ont tendance à se défaire aux angles. Pour une réparation rapide et facile, assemblez le bois avec des serre-joints, puis reliez les éléments avec du fil de clôture en acier ultra résistant.
- Tous les deux ans, retirez les copeaux de bois décomposés des chemins, réservez-les pour le paillage des plates-bandes et remplacez-les.
- Évitez les matériaux imputrescibles sur les chemins, galets, gravier ou coquillages brisés, difficiles à nettoyer lorsque le chemin est envahi de terre.
- Si vous pensez que certains bacs pourraient avoir besoin de plus de profondeur de substrat pour des plantes à longues racines et/ou qui nécessitent d'être buttées en cours de croissance, prévoyez-les modulables. (Page 13, la solution du problème de la hauteur supplémentaire est indiquée, avec la mise en œuvre d'un système de cadres emboîtables. Ce système pourrait être adapté à quasiment tous les matériaux, de la brique aux traverses de chemin de fer).
- Les bacs peuvent être plus hauts et conviennent ainsi aux jardiniers à mobilité réduite qui jardinent sur les plates-bandes sans se baisser, ni quitter le fauteuil roulant.

ASSEMBLAGE DES ANGLES

Les traverses de chemin de fer peuvent être posées sur la tranche ou à plat. Une traverse de 15 cm x 25 cm, par exemple, se pose sur la tranche pour faire une délimitation haute de 25 cm et large de 15, ou bien sur le plat pour qu'elle soit de 15 cm de haut et de 25 de large. Pour les assembler aux angles, il existe deux solutions principales. On peut les découper en biais pour les ajuster extrémité contre extrémité. Ou bien les découper à angle droit de façon à ce que les extrémités se chevauchent.

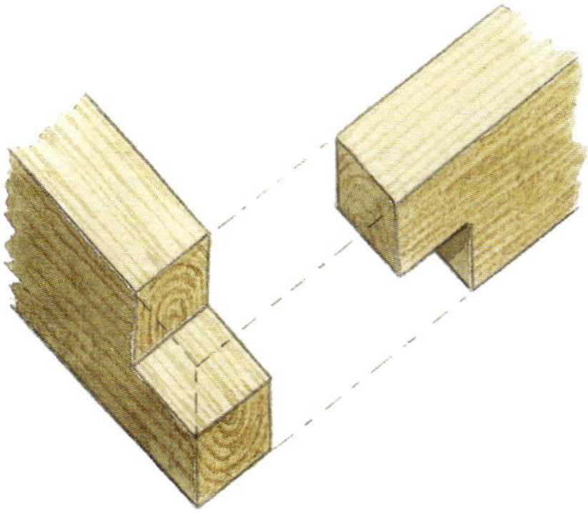

Assemblage en chevauchement de traverses posées sur la tranche pour plates-bandes hautes de 25 cm

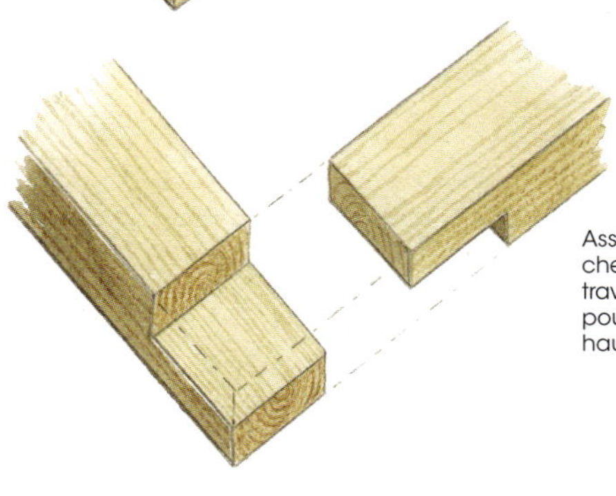

Assemblage en chevauchement de traverses posées à plat pour plates-bandes hautes de 15 cm

Le substrat

Quelle est l'importance du substrat ?

La qualité et la fertilité du substrat sont primordiales. Dans d'autres conditions, un jardinier aurait passé son temps à enrichir sa terre. La méthode du jardin surélevé évite cette lourde tâche en étalant des épaisseurs successives de fumier, de terreau de feuilles et de compost qui produisent un support de culture idéal. Lorsque la jardinière est remplie de ce mélange, étalez par-dessus un paillage ou du fumier organique et du compost de jardin.

Terreau de feuilles

Le terreau de feuilles est composé d'un mélange de feuilles tombées des arbres et arbustes à feuilles caduques qui ont été ramassées et dont on a favorisé la décomposition rapide. Les feuilles peuvent être rajoutées, en petites quantités, au compost ou bien regroupées dans des bacs spécialement conçus et bien aérés. Une fois décomposé, le terreau de feuilles peut servir de paillage dans les plates-bandes surélevées.

Terreau de feuilles

Compost de jardin

Le compost est un mélange de déchets de la cuisine et du jardin (pelures et restes de nourriture de la cuisine, feuilles, légumes et fruits du jardin) bien décomposés. Il est judicieux pour un jardin surélevé de disposer de plusieurs bacs à compost, de façon à ce que les déchets végétaux soient constamment recyclés. La plupart des mauvaises herbes se compostent, mais les chardons et les orties se brûlent ! Leurs cendres servent de paillis fin ou de répulsif à limaces.

Compost de jardin

Résidu de champignonnière

Ce résidu de champignonnière est assez peu onéreux, dégage une bonne odeur et est facile à utiliser. Préférez un conditionnement par camion plutôt que par sac qui revient très cher. C'est une excellente option de démarrage lorsque vous recherchez un matériau volumineux pour recouvrir vos premières plates-bandes.

Résidu de champignonnière

FABRICATION D'UN COMPOSTEUR À TROIS COMPARTIMENTS

Un composteur fait maison est une bonne option, notamment s'il comporte trois compartiments, comme celui-ci. Cela revient moins cher que trois bacs séparés. En pratique, alors que le premier bac se remplit, le deuxième, déjà rempli, est en cours de décomposition. Le troisième est plein de compost prêt à l'emploi. Une fois vidé, ce dernier devient le premier, et ainsi de suite. Utilisez du matériau de récupération ou achetez du bois traité et assemblez-les avec des clous ou des vis galvanisées.

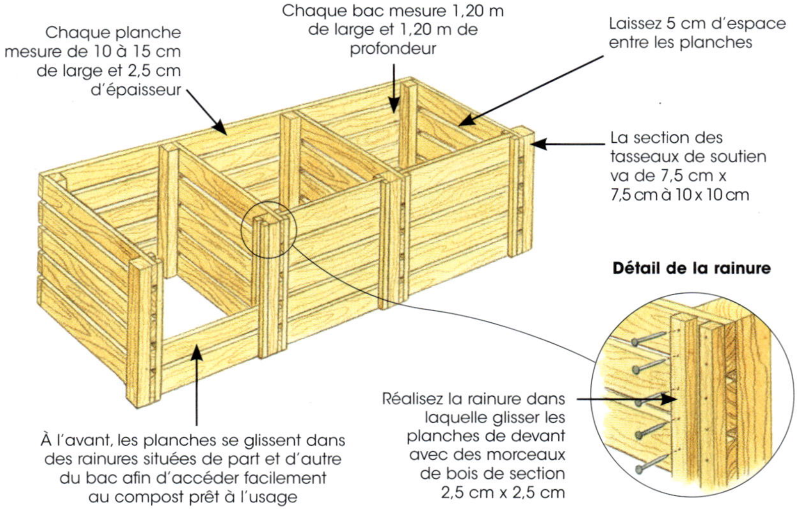

Le fumier

Qu'est-ce que du fumier bien décomposé ?

Le fumier biologique provient de la litière des vaches, chevaux, poules, cochons, chèvres, lapins et moutons, nourris d'aliments biologiques. Il est composé des déjections d'animaux domestiques souvent mélangées à de la paille, du journal déchiré, de la sciure ou des copeaux de bois. Plutôt ferme de consistance, dégageant une odeur douceâtre, le fumier de vache, de cheval et de volaille est facilement disponible et contient peu d'organismes ravageurs.

Types de fumier

La seule façon d'être sûr que son fumier est exempt de produits chimiques, c'est de s'adresser à un agriculteur bio.

- **Fumier de cheval.** Facile à manipuler, avec environ 0,6 % d'azote, le fumier de cheval est bon marché et d'odeur douceâtre. On s'en procure facilement à la ferme ou aux écuries voisines.
- **Fumier de vache.** Avec environ 0,4 % d'azote, le fumier de vache est un bon choix si on le mélange avec de la paille.
- **Fumier de poule.** Avec environ 1,8 % d'azote, le fumier de volaille peut se révéler un peu délicat à manipuler et sent particulièrement fort quand il est frais et humide. Le mieux est d'utiliser de la litière. Pour avoir votre propre fumier, élevez des poules.

- **Fumier d'oie.** Avec environ 0,5 % d'azote, le fumier d'oie est également un bon choix si vous voulez élever de la volaille et faire votre propre fumier. La principale difficulté tient à ce que les déjections des oies de ferme sont dispersées. Il est conseillé de tapisser leur territoire d'une litière de paille ou de sciure, puis de récupérer la litière une fois souillée.
- **Fumier de lapin.** Avec un taux d'azote élevé, le fumier de lapin est très bon si vous parvenez à vous en procurer ; d'après certains jardiniers, ce serait le meilleur. On le trouve sous forme d'un mélange de fumier et de sciure de bois facile à manipuler. Il dégage une douce odeur de noisette.
- **Fumier de mouton.** Avec un taux élevé de nutriments, le fumier de mouton est une option difficile car ces animaux passent leur temps dehors et leurs déjections se ramassent une à une. Il n'est pas cher, facile à manipuler lorsqu'il est mélangé avec de la paille ou du foin.

À noter

- Certaines fermes sont saturées de produits chimiques, alors assurez-vous que votre fumier provient d'une source fiable et avec le label bio.
- Le fumier choisi contient naturellement beaucoup d'organismes qui sont toxiques. Lavez-vous donc toujours bien les mains.
- Le fumier frais étant trop riche pour la plupart des plantes, laissez-le se décomposer avant de l'utiliser.

Les oies de Chine produisent des excréments en grande quantité, fumier idéal pour un jardin surélevé.

Élever des poules et utiliser leur fumier

Les poules ont longtemps constitué le choix traditionnel d'animaux à élever pour les jardiniers passionnés et adeptes de l'autosuffisance. Ces animaux recyclent la plupart de vos restes alimentaires, contribuent à éliminer les herbes folles et les mauvaises herbes, vous débarrassent des ravageurs du jardin. En prime, ils fournissent des œufs, de la viande et du fumier en quantité illimitée. La première étape est de déterminer ses aspirations (de gros oiseaux bien gras, des oiseaux résistants, de gros œufs blancs, etc.), ensuite de choisir l'espèce en fonction de ses besoins. Les poules se nourrissent des restes alimentaires et des déchets végétaux du jardin, mais elles ont aussi besoin de gravillon pour la digestion et d'un complément alimentaire bio tout prêt ou de tourteaux.

Pour exploiter le fumier, les poules doivent être regroupées dans un grand poulailler avec un vaste terrain équipé d'une porte solide assez large pour une brouette. Le sol doit être tapissé d'une litière de paille, de journal déchiré ou de sciure de bois qui, souillée, devient du fumier. Il faut l'évacuer à la brouette, l'ajouter au tas de compost ou le laisser se décomposer, puis l'étaler en paillis sur les plates-bandes surélevées.

Plates-bandes et rotation des cultures

Pourquoi la rotation est-elle nécessaire ?

Les plantes n'absorbent pas toutes les mêmes nutriments du sol ou du substrat. Si vous plantez année après année des choux dans la même plate-bande, la terre s'appauvrira en azote et les plantes en pâtiront. La règle traditionnelle est une rotation tous les trois ans : vous cultivez des crucifères une année, des tubercules la suivante, des légumineuses et de la salade la troisième année, puis à nouveau des crucifères la quatrième.

Permanentes

Les plantes suivantes peuvent rester plusieurs années de suite dans la même plate-bande ou à côté :

- Aneth
- Artichaut
- Asperge
- Cerfeuil
- Ciboulette
- Laurier
- Rhubarbe

Crucifères (rotation)

Crucifères et autres plantes appréciant les mêmes conditions :

- Brocoli
- Chou
- Chou de Bruxelles
- Chou-fleur
- Chou frisé
- Chou-rave
- Radis

Tubercules (rotation)

Tubercules et autres plantes appréciant les mêmes conditions :

- Betterave
- Carotte
- Céleri-rave
- Endive
- Épinard
- Maïs doux
- Navet
- Panais
- Poireau
- Pomme de terre
- Rutabaga
- Salsifis

Légumineuses et salades (rotation)

- Blette
- Céleri
- Fève
- Haricot d'Espagne
- Haricot vert
- Laitue
- Oignon et échalote
- Pois

1re ANNÉE

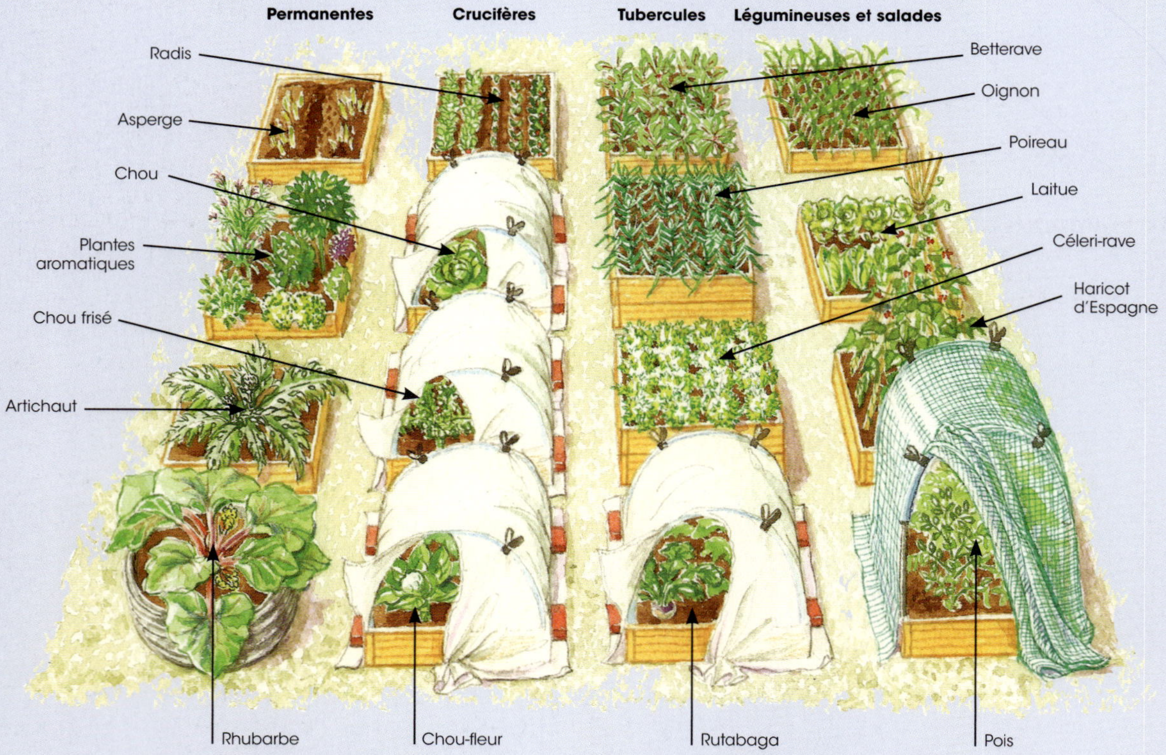

2e ANNÉE

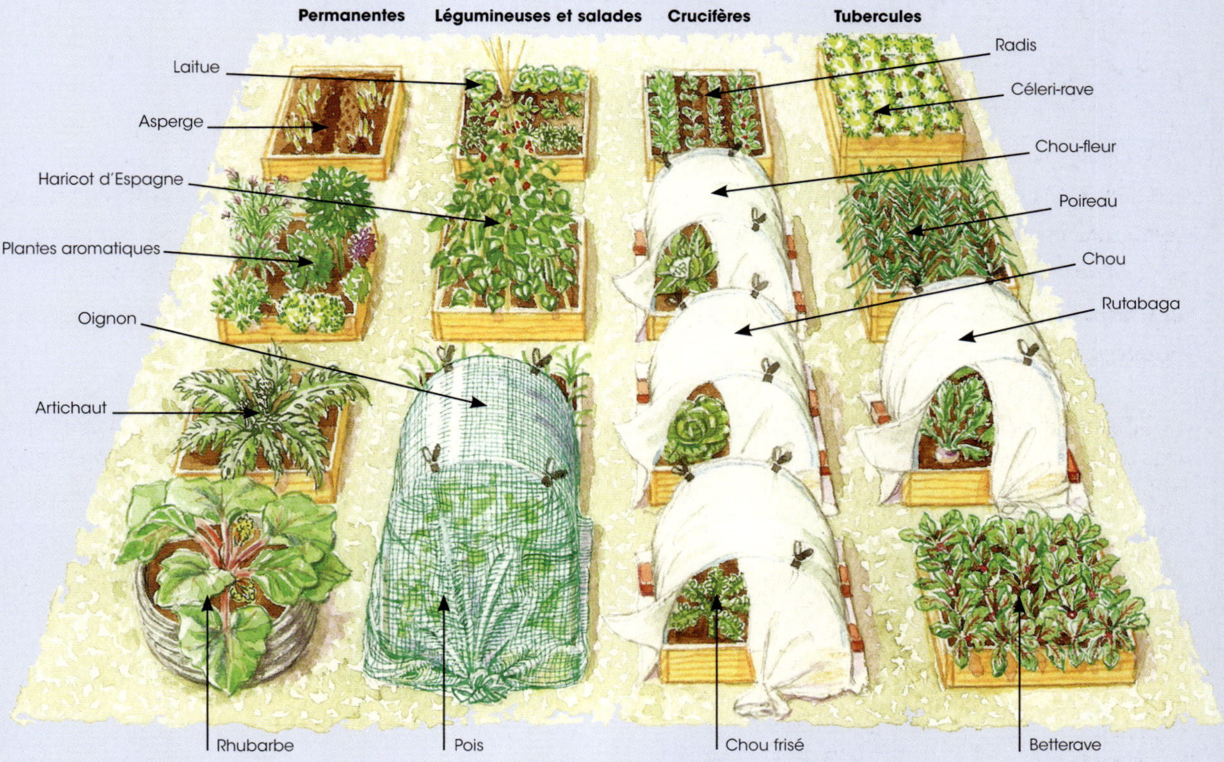

3e ANNÉE

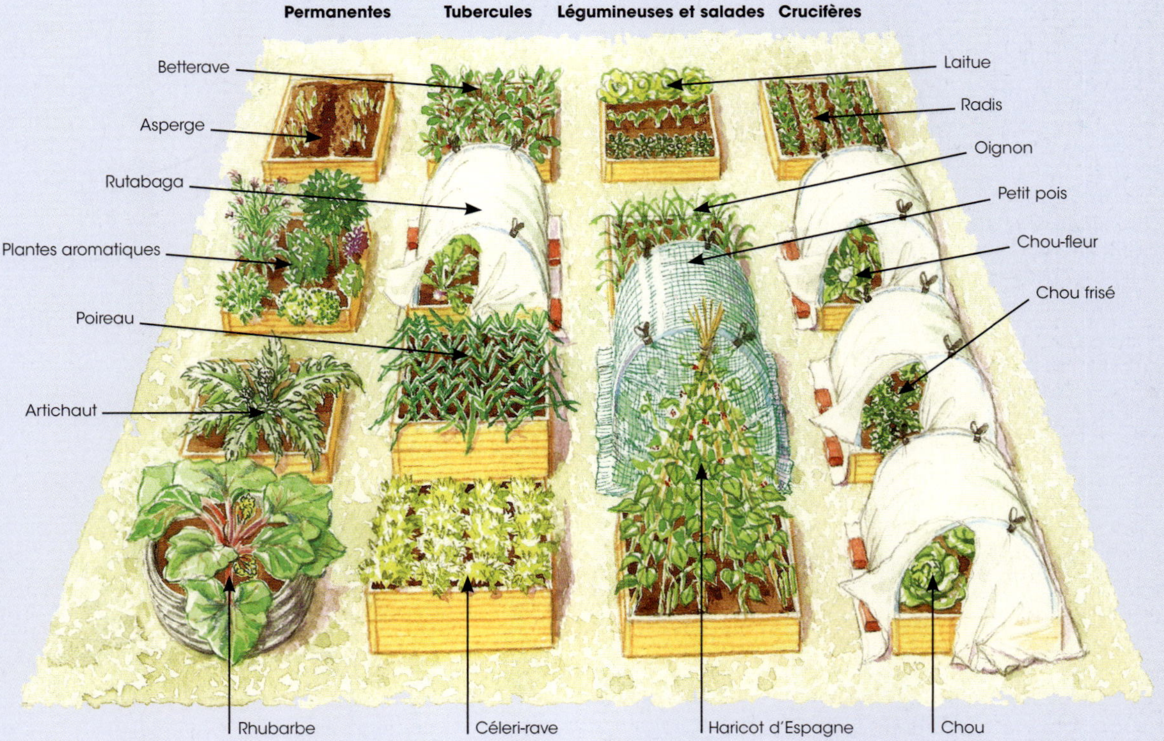

Cultures dérobées et cultures associées

Quelle différence ?

Les cultures dérobées et les cultures associées permettent de profiter au maximum du potentiel d'une plate-bande. La culture dérobée intéresse les légumes à croissance rapide que l'on place entre deux cultures dans l'année. Pour la culture associée, les légumes à croissance rapide sont plantés au milieu de légumes à croissance lente. La proximité des cultures qui accroît le risque de propagation des ravageurs et des maladies en est l'inconvénient.

Oignons à pousse rapide plantés, en cultures associées, de part et d'autre d'une rangée de framboisiers à pousse lente.

Compagnonnage

Le compagnonnage permet à des plantes différentes d'être associées pour leur bénéfice mutuel. Les soucis et les choux, par exemple : lorsqu'il fleurit, le souci éloigne les aleurodes protégeant les choux contre ces insectes. Les oignons et les carottes prospèrent ensemble, l'oignon éloignant la mouche de la carotte.

Ces techniques sont-elles compliquées ?

Il est relativement facile de cultiver une plante à croissance rapide dans une jardinière vide ou au milieu de plantes à développement lent. Cela se complique lorsqu'elles sont tellement rapprochées qu'il faut sans cesse vérifier qu'elles ont suffisamment de lumière et d'air. Cela semble sans doute bien compliqué, mais si vous n'avez que quelques plates-bandes, et si vous êtes prêt à leur consacrer du temps et des efforts, cela se révèle positif. D'autant que certaines plantes semblent prospérer lorsqu'elles sont à l'étroit et en bonne compagnie.

Les avantages

Le principal avantage de ces méthodes, c'est qu'elles permettent de profiter rapidement des situations rencontrées. Par exemple, si la plate-bande est vide, ou si les plantes à pousse lente y sont très espacées, ou encore si une rangée de plantes est fanée, vous pouvez intervenir et planter quelque chose qui bénéficiera pleinement de cette opportunité. Grâce à ces techniques, vous tirez spontanément parti de ce qui serait, en d'autres circonstances, une situation désespérée.

Des soucis ont été plantés le long d'une rangée de légumes pour éloigner les aleurodes. En outre, ce sont de jolies fleurs.

EXEMPLES DE CULTURES ASSOCIÉES

Brocolis et radis

Étape 1 : milieu de l'automne. plantez de la romaine espacée de 30 cm.

Étape 2 : fin d'hiver à début de printemps. semez des pois nains entre deux rangées de romaine.

Étape 3 : fin du printemps. nettoyez le sol, paillez avec du fumier et plantez des concombres semés en pots.

Étape 4 : début-milieu de l'été. ramassez les petits pois et plantez les brocolis espacés de 45 cm ; semez des choux chinois entre les plants de brocolis.

Étape 5 : fin de l'été. plantez des choux-fleurs entre les concombres.

Choux et radis

Étape 1 : début de printemps. plantez les pommes de terre nouvelles.

Étape 2 : fin de l'été. récoltez les pommes de terre et plantez des choux, grands et petits, espacés de 45 cm.

Étape 3 : milieu de l'automne. plantez des choux chinois, les rangées espacées de 20 cm.

Étape 4 : début de l'hiver. ramassez les petits choux.

Étape 5 : fin de l'hiver. ramassez les derniers petits choux et plantez des fèves à la place.

Étape 6 : milieu du printemps. ramassez les dernières laitues et semez une rangée de haricots d'Espagne pour occuper l'espace.

Étape 7 : milieu de l'hiver. ramassez tous les haricots, paillez et plantez des échalotes.

Étape 8 : début de l'été. ramassez toutes les échalotes, paillez avec du fumier et plantez le céleri, espacé de 30 cm ; semez des radis entre les rangées.

Panais et laitues

Étape 1 : fin de l'hiver. plantez deux rangées de choux chinois espacées de 30 cm.

Étape 2 : début du printemps. plantez des choux-fleurs en alternance avec les laitues ; semez des carottes entre les deux rangées.

Étape 3 : fin du printemps. ôtez toutes les laitues et transplantez entre les choux-fleurs des haricots nains semés en pots.

Étape 4 : début de l'été. récoltez les choux-fleurs, les haricots et les carottes.

Étape 5 : milieu de l'été. plantez du céleri en deux sillons ; plantez des épinards ou des laitues entre les plants de céleri ; faites suivre le céleri par des panais, des carottes et des betteraves.

Protection bio

Puis-je protéger mes cultures sans produits chimiques ?

Nul besoin de produits chimiques ! Pièges à souris, barrières matérielles (filets, voile d'hivernage, feuilles en plastique, écrans en bois), insectes bénéfiques et prédateurs naturels protègent vos cultures. Les insecticides et remèdes faits maison sont composés de produits et d'aliments ordinaires tels l'ail, l'huile végétale et l'eau. Il existe aussi des poudres et des aérosols dans le commerce, à base de lait ou d'eau et de savon.

FILETS HORTICOLES

Ces filets sont destinés à protéger vos plantes de la piéride du chou dont les œufs deviendront des chenilles, des oiseaux qui croquent les pousses et les bourgeons, des petites rongeurs, souris, rats, lapins ou écureuils, qui déterrent les graines et mangent les gousses et les fruits, des gelées sévères, des vents cinglants et autres intempéries, etc. Choisissez-les soigneusement en fonction de la maille, de leur destination et de la configuration des lieux. On écarte, par exemple, les souris et les oiseaux des plates-bandes de pois grâce aux filets fins, pièges à souris et petites boîtes de conserve qui s'entrechoquent dans le vent. Le voile d'hivernage et une tôle ondulée protègent du gel et du vent le brocoli nouvellement planté et des filets en écartent les oiseaux. Bien sûr, ces dispositifs bio ne sont généralement pas très élégants (une tôle rouillée et tordue n'a rien de très joli), mais ils sont efficaces. L'idéal est de réussir à protéger ses plantes avec des filets, de vieux rideaux de dentelle, des tôles de fer ou ce que vous avez sous la main, sans s'intoxiquer ni empoisonner l'environnement. Si cela marche et si cela ne présente pas de risque, ce ne peut être qu'une bonne idée.

Les filets d'échafaudages du bâtiment sont très pratiques : ils sont résistants, durables et peu coûteux. Ils éloignent un grand nombre d'oiseaux, de rongeurs et autres ravageurs.

Un cadre en bambou recouvert d'un filet est idéal pour les plantes hautes.

Le voile horticole fournit une protection rapide et facile pour les premières étapes des plantations.

Un cadre réalisé avec une clôture en métal et un tuyau en plastique sert de support pour un filet.

Ce filet bien tendu sur un tuyau d'arrosage constitue une bonne protection pour les fraises.

VOILE D'HIVERNAGE

Le voile d'hivernage est un tissu non tissé, à mi-chemin entre une délicate gaze vaporeuse, du duvet, du coton hydrophile extra fin et du filet extrêmement fin. Vendu en différentes densités et épaisseurs, le voile d'hivernage a rapidement transformé les pratiques de jardinage. Initialement destiné à envelopper les plantes pour les protéger du froid et du gel, il a en réalité de multiples usages : tendu en filet il éloigne les ravageurs comme les papillons, limaces, escargots, altises, araignées et oiseaux. Étalé sur le sol, il le réchauffe et bloque les mauvaises herbes. Très léger, on peut le tendre sur un cadre pour faire une serre-tunnel.

Pour les semis et les jeunes plants, soulevez-le avec des piquets, juste assez pour soulager du poids.

Les plantes plus anciennes sont en général suffisamment robustes pour supporter le poids du voile sans avoir besoin de soutien.

RÉPULSIF POUR RAVAGEURS

Les répulsifs pour ravageurs faits maison sont simples et ont fait leurs preuves. Ils comprennent des rubans qui flottent au vent pour empêcher les pigeons de manger la verdure, des coquilles d'œuf émiettées, de la suie, du poil animal et du fil de laine à tricoter pour compliquer la vie des limaces, escargots et larves. Mais aussi des CD suspendus qui effarouchent écureuils et oiseaux, des boîtes de conserve qui s'entrechoquent pour effrayer lapins et renards, du fil de cuivre dressé, agrafé en haut des plates-bandes pour écarter les limaces. Rien ne prouve que c'est efficace, mais c'est amusant à faire et à installer et de nombreuses histoires populaires vantent leur efficacité.

Ces vieux CD effarouchent les oiseaux et les écureuils, sensibles à leur mouvement et à leur éclat.

Semer des graines

Quelle est la meilleure méthode pour semer des graines ?

Cela dépend du type de graines, de l'époque de l'année, de l'emplacement, de la précocité souhaitée de la plante et de votre expérience des derniers semis. Ainsi, pour éviter que les souris ne mangent les coûteuses graines de pois semées directement dans la plate-bande, semez-les plutôt dans la serre, dans des gouttières en plastique remplies de compost pour semis, avant de les transférer dans les plates-bandes lorsqu'elles seront enracinées.

Semer des graines dans des plates-bandes surélevées

Autrefois, on semait les graines dans des trous peu profonds faits au plantoir, des sillons en V et des plateaux, puis on repiquait ou plantait. Les graines sont tellement chères aujourd'hui, le système de plates-bandes surélevées si intensif et la récolte finale tellement précieuse, que l'on sème, selon leur taille, une seule graine ou une minuscule pincée de graines dans des trous peu profonds ou bien espacées dans des sillons. Ensuite soit on éclaircit délicatement pour ne laisser que les meilleures pousses, soit on enlève et on replante. Ou alors on sème dans la serre, dans des pots individuels ou de tourbe, pour planter ensuite en place. Cette méthode permet de réduire les coûts et les efforts, elle force la plante et produit généralement une meilleure germination et de meilleurs résultats. On continue à semer quelques tubercules en sillons et quelques graines bon marché en plateau.

Semer les graines en pots permet de bien protéger les jeunes plants encore vulnérables à ce stade.

Graines à semer dans des trous dans la plate-bande

- Cresson et autres salades (voir p. 32)
- Laitue (voir p. 33)
- Endive (voir p. 34)
- Épinard (voir p. 36)
- Haricot d'Espagne (voir p. 47)
- Ail (voir p. 52)
- Pomme de terre (voir p. 53)
- Panais (voir p. 55)
- Rutabaga (voir p. 57)
- Navet (voir p. 58)

Graines à semer en pot ou en plateau

- Brocoli (voir p. 37)
- Chou-fleur (voir p. 39)
- Chou frisé (voir p. 40)
- Chou de Bruxelles (voir p. 41)
- Céleri (voir p. 43)
- Pois (voir p. 45)
- Haricot d'Espagne (voir p. 47)
- Maïs doux (voir p. 49)
- Oignon et échalote (voir p. 50)
- Poireau (voir p. 51)
- Tomate (voir p. 62)
- Courge et courgette (voir p. 63)
- Aubergine (voir p. 65)
- Poivron (voir p. 66)

Graines à semer en sillons dans la plate-bande

- Blette (voir p. 35)
- Brocoli (voir p. 37)
- Chou (voir p. 38)
- Chou-fleur (voir p. 39)
- Chou frisé (voir p. 40)
- Chou de Bruxelles (voir p. 41)
- Petit pois (voir p. 45)
- Carotte (voir p. 54)
- Betterave (voir p. 56)
- Radis (voir p. 59)

SEMER DANS DES PLATEAUX

1 *Déposez des morceaux de pots cassés sur les trous de drainage, remplissez le plateau avec du compost de semis humide et tassez avec une planche en bois.*

2 *Dispersez délicatement les graines à l'aide de la paume de la main ou d'un papier plié et tapotez doucement du bout des doigts.*

3 *Saupoudrez les graines d'un peu de compost avec une passoire, de façon à ce que la profondeur de terre convienne au type de graine.*

SEMER DANS LE SOL

Pomme de terre

Creusez un trou peu profond et mettez-y les pommes de terre germées.

Oignon

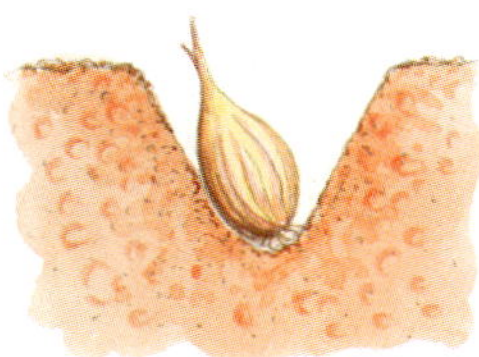

Creusez un trou peu profond à l'aide d'un plantoir à bout arrondi et glissez-y délicatement l'oignon.

Sillon en U

Faites un sillon en U et disposez-y les graines à la main.

Sillon en V

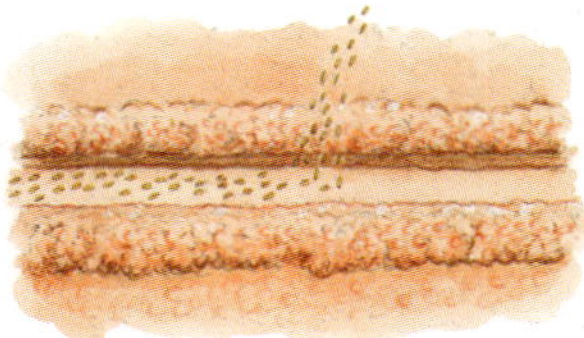

Faites un sillon en V et éparpillez les graines dedans.

SEMER DANS UNE GOUTTIÈRE

Découpez une gouttière en plastique adaptée à la largeur de la jardinière. Fermez les extrémités avec du ruban adhésif toilé. Remplissez-la de compost de semis et semez vos graines comme dans un plateau. Cette technique convient particulièrement aux petits pois pour qu'ils ne soient pas dévorés par les souris. Lorsque les plantes sont bien enracinées, glissez-les à leur place avec le substrat dans la plate-bande préparée et arrosez généreusement.

Rempotage et repiquage

Pourquoi ces étapes sont-elles nécessaires ?

Certaines graines, comme celles de courgettes, sont semées en serre, puis transplantées dans les plates-bandes sous forme de jeunes plants. D'autres, les graines de carottes par exemple, passent par différents stades de rempotage dans un pot légèrement plus grand avant que les jeunes plants ne soient assez robustes pour être repiqués dans la jardinière surélevée à leur emplacement définitif.

Les jeunes plants sont bien plus faciles à rempoter lorsque les graines ont été semées dans des plateaux à alvéoles.

Les jeunes plants sont transférés des plateaux à des pots pour se renforcer avant d'être transplantés.

Certaines plantes semi-rustiques, comme ces jeunes plants de céleri, peuvent être repiquées directement dans la plate-bande.

Il est possible de multiplier certaines plantes, comme ces fraisiers, en insérant leurs stolons dans des pots, où ils s'enracineront.

Étape intermédiaire

Lorsque de jeunes plants sont de taille à être manipulés, on les repique parfois, on en arrache une partie que l'on transfère dans un autre plateau ou dans des pots. Ainsi, chaque plant a davantage d'espace et parfois de substrat. Le rempotage peut être délicat et long, mais cet effort supplémentaire est généralement récompensé par la quantité et la qualité de la récolte qui suit.

Repiquer

Le repiquage est l'étape finale du périple qui conduit un jeune plant de l'environnement protégé de la serre, de la serre-tunnel, ou de la plate-bande couverte à son emplacement définitif. Certaines cultures, comme le céleri, ont été semées en plateau dans une serre, transférées dans un pot puis rempotées dans un pot plus grand, avant de rejoindre leur place définitive dans la plate-bande.

Éclaircir

On éclaircit les jeunes plants entassés dans des plateaux à semis, en serre ou dans une ligne de semis en jardinière, pour laisser à ceux qui restent suffisamment de place pour s'épanouir au maximum. Vous semez quelques graines minuscules, de carotte par exemple, dans un sillon en V dans une plate-bande ; une fois les jeunes plants assez grands pour être manipulés, ôtez-en quelques-uns, ceux qui restent auront de l'espace pour se développer.

Transplanter

Pour transplanter, il faut commencer par soulever délicatement les fragiles jeunes plants et les installer à leur emplacement définitif dans la plate-bande. Les plantes telles que les choux peuvent être soulevées à la truelle. Plantez les légumes comme les tomates dans des poches ou des pots à petits pois de façon à ce que la transplantation se fasse avec le minimum de dégâts.

Allonger la saison de culture

Comment optimiser mes cultures ?

Vous pouvez facilement allonger de 6 à 8 semaines la période de culture de votre jardin surélevé. Il suffit de semer quelques semaines plus tôt, dans une serre ou une serre-tunnel par exemple, et finir quelques semaines plus tard grâce aux filets, voiles d'hivernage ou aux films de plastique transparents. Cela vaut vraiment la peine d'y réfléchir, car vous profiterez plus longtemps de vos délicieux produits maison sans beaucoup plus d'efforts.

Semer plus tôt

Si vous consultez les recommandations à propos des époques et des températures sur les sachets de graines, notez qu'il est possible d'augmenter les températures locales nocturnes et diurnes, de la plate-bande et de ses abords, de quelques degrés, et de réduire la baisse de température induite par le vent. Cela permet donc de planter plus tôt. Tout comme nos grands-parents se servaient de cloches en verre, de protections de toile et de papier, de matelas de paille et autres artifices pour forcer les cultures et les protéger, utilisez des serres, serres-tunnels, protections maison, filets en plastique et voiles pour obtenir le même effet.

Récolter plus tard

Pour récolter plus tard, il faut généralement protéger les plantes des rigueurs du climat. Bien sûr, c'est un peu difficile car une fois l'horloge biologique de la plante lancée, la durée de prolongation de sa vie productive est limitée. Si, par exemple, vous protégez des courgettes avec un voile d'hivernage à la fin de la saison, il est alors possible de bénéficier de quelques semaines supplémentaires de courgettes dans son assiette.

Ces cloches en plastique sont efficaces pour démarrer les fraises, elles écartent les ravageurs et maintiennent la chaleur.

Les 10 meilleures méthodes

1 Couvrez les plates-bandes de voile d'hivernage pour les protéger des gelées.

2 Commencez tôt en cultivant vos plantes dans des pots de tourbe.

3 Démarrez les cultures dans une serre ou une serre-tunnel.

4 Rehaussez les plates-bandes afin de pouvoir empiler du paillis autour des plantes fragiles.

5 Paillez avec de la paille pour protéger du gel.

6 Drapez les plates-bandes de filets en forme de tentes pour stopper vents et courants d'air.

7 Dressez des écrans pour protéger du vent.

8 Tapissez les plates-bandes de paille coupée et recouverte d'un vieux tapis pour conserver la chaleur.

9 Placez des tas de fumier de cheval frais autour de la plate-bande pour créer un environnement chaud.

10 Fabriquez une plate-bande sur un tas de fumier de cheval frais pour que la température soit plus élevée.

Une serre-tunnel de bonne taille augmente spectaculairement votre production, favorisant un début précoce, une plante plus haute et une saison plus longue.

Exemples d'extension de la saison

Haricot d'Espagne

Saison normale : semis fin du printemps ; récolte milieu de l'été jusqu'au début de l'automne.

Saison en jardin surélevé : semis milieu du printemps en pots de tourbe sous verre pour une récolte milieu de l'été à milieu de l'automne.

Astuces
Allongez la saison en commençant très tôt à planter les graines en pots de tourbe sous verre et en conservant les racines de l'année précédente ; une fois les jeunes plants insérés dans la plate-bande, protégez-les des gelées tardives avec du filet et du voile d'hivernage.

Courge et courgette

Saison normale : semis au milieu du printemps ; récolte milieu de l'été au milieu de l'automne.

Saison en jardin surélevé : semis début du printemps ; récolte début de l'été au milieu de l'automne.

Astuces
Si vous êtes prêt à créer une plate-bande sur un tas de compost profond bien amorcé, avec une base de fumier de cheval frais, et à la couvrir de voile d'hivernage au moindre risque de gel, vous pouvez avancer les semis et les plantations jusqu'à obtenir une récolte avancée de 2 semaines.

Brocoli

Saison normale : semis milieu du printemps ; récolte début de l'automne à milieu de l'automne.

Saison en jardin surélevé : semis milieu à fin du printemps ; récolte milieu de l'hiver à fin du printemps et milieu de l'été à fin de l'automne.

Astuces
En semant tôt en serre et en semant toutes les variétés, violette, blanche, vivace et calabraise, vous allongez la saison de culture et obtiendrez deux périodes de récolte de 4 mois.

Betterave

Saison normale : semis début du printemps ; récolte milieu de l'été à fin de l'automne.

Saison en jardin surélevé : semis début du printemps ; récolte fin du printemps à fin d'automne.

Astuces
En cultivant toute une série de variétés et en les plantant successivement, la saison est allongée au point que la première récolte fusionne avec les derniers semis.

Laitue

Saison normale : semis fin du printemps à début de l'automne ; récolte début d'été jusqu'au printemps suivant.

Saison en jardin surélevé : semis début de printemps à mi-automne ; récolte quasiment toute l'année.

Astuces
Pour obtenir une production annuelle, semez une gamme entière de variétés, ayez toujours du voile d'hivernage à portée de main, soyez attentif à l'arrosage et semez dans des supports tièdes en serre-tunnel.

Céleri

Saison normale : semis début du printemps ; récolte fin d'été à fin d'automne.

Saison en jardin surélevé : semis début de printemps ; récolte fin d'été à fin d'hiver.

Astuces
Semez tôt en serre.

Calendrier annuel

Le calendrier ci-dessous ne répondra pas à toutes vos questions, car le support de culture et le climat seront spécifiques à votre région. En outre, peut-être ne voudrez-vous pas planter tous les légumes et fruits proposés. Cela vous donnera au moins une base à partir de laquelle travailler.

Milieu de l'hiver

Entretien et préparatifs : inspectez vos outils et triez le matériel comme les pieux, piquets, ficelles, pots, feuilles en plastique, filets et voiles. Mettez les pommes de terre à germer, commandez les graines, planifiez vos plates-bandes, bref préparez tout.

Support de culture : retirez les mauvaises herbes, paillez avec du fumier bien décomposé ou du compost de jardin (ce qui convient le mieux) et commandez vos graines.

Semer et planter : plantez des fèves dans les plates-bandes de votre choix. Semez les oignons, les poireaux et les radis dans une plate-bande abritée ou chaude.

Récolter : ramassez les choux de Bruxelles, les choux d'hiver, les dernières carottes, le céleri, les endives et tout ce qui est prêt.

Fin de l'hiver

Entretien et préparatifs : nettoyez les chemins autour des plates-bandes. Assurez-vous que tout votre matériel est en état de marche. Recouvrez les plates-bandes de voile d'hivernage et/ou de filets pour la nuit. Consultez votre calendrier prévisionnel et vérifiez si vous pouvez avancer le paillage.

Support de culture : préparez les plates-bandes pour les semis à l'aide d'une bêche et d'un râteau. Choisissez un endroit chaud et agréable, puis vérifiez que vos écrans de protection et voiles d'hivernage sont prêts. Retirez les mauvaises herbes, paillez peut-être légèrement les plates-bandes choisies et mettez les débris sur le compost.

Semer et planter : plantez des artichauts et des échalotes. Semez des pois précoces et éventuellement une rangée ou deux de fèves. Semez des carottes, des laitues et des radis sous verre/plastique/paillage dans une plate-bande chaude. Faites sortir les jeunes plants comme les poireaux, les concombres, les oignons et les tomates dans des bacs chauds.

Récolter : ramassez les choux de Bruxelles, les choux d'hiver, les dernières carottes, le céleri, les endives et tout ce qui est prêt.

Début de printemps

Entretien et préparatifs : désherbez les chemins, réparez les bacs et continuez à arracher les grandes mauvaises herbes. Observez votre jardin et décidez si vous souhaitez y apporter des modifications, comme peut-être la position définitive du potager.

Support de culture : continuez à brasser le substrat et, d'une façon générale, soyez attentif aux mauvaises herbes, surtout les vivaces aux profondes racines.

Semer et planter : semez des graines résistantes, comme celles de laitue et de panais, à l'extérieur. Semez des plantes du type épinards, poireaux, oignons, pois, céleri, tomates et courges, sous verre ou dans une plate-bande protégée, soit directement dans la plate-bande, soit en plateau.

Récolter : ramassez les choux de Bruxelles, les choux et les choux-fleurs.

Milieu du printemps

Entretien et préparatifs : débarrassez-vous des limaces et des escargots. Vérifiez que les plates-bandes de fruits se portent bien. Éclaircissez les jeunes plants, si nécessaire. Continuez à arracher les grandes mauvaises herbes et à pailler. Réduisez le nombre de choux de Bruxelles ou de pommes de terre germées. La nuit, protégez les plates-bandes sélectionnées.

Support de culture : continuez à travailler les plates-bandes à l'aide de la houe et de vos mains, le long des rangées de jeunes plants. Buttez les pommes de terre.

Semer et planter : vous pouvez maintenant semer à l'extérieur à peu près tout et n'importe quoi. Plantez des pommes de terre en culture principale ainsi que des oignons, des radis, des carottes, des betteraves, des salsifis et scorsonères, des endives, d'autres laitues, des pois et des épinards. Plantez les jeunes plants, tels que les choux de Bruxelles. Semez les haricots d'Espagne, les courges et courgettes sous verre.

Récolter : ramassez les betteraves et les brocolis.

Fin du printemps

Entretien et préparatifs : surveillez la météo et soyez prêt à protéger les jeunes plants fragiles avec du verre, des feuilles en plastique, des filets ou tout ce qui vous semble opportun. Préparez-vous à éliminez les pucerons des haricots. Fixez des tiges le long des petits pois. Paillez les plates-bandes sélectionnées. Réduisez le nombre de stolons des fraisiers. Arrosez les semis. Continuez à biner et à désherber délicatement.

Support de culture : préparez d'autres plates-bandes. Bêchez et ratissez régulièrement. Buttez les pommes de terre pour les protéger. Paillez entre les rangées de légumes plus précoces.

Semer et planter : plantez les jeunes plants résistants. Semez des légumes délicats dans des plates-bandes disponibles. Semez des haricots verts et bruns à l'air libre. Semez d'autres petits pois, des endives, des radis, et des épinards d'été, presque tout ce qui vous fait envie. Plantez en extérieur des choux de Bruxelles, des brocolis, des concombres, et ce que vous voudrez.

Récolter : ramassez les blettes, les brocolis, les betteraves et carottes précoces, les concombres à couvert, les endives et de nombreux autres légumes.

Début de l'été

Entretien et préparatifs : apportez du fumier frais, ainsi que du fumier bien décomposé et du compost de champignonnière. Veillez à ce que tout soit bien arrosé. Paillez autour des légumes comme les navets. Protégez les fruits avec des filets. Retirez les tiges chétives des framboisiers. Nettoyez les plates-bandes libres et continuez à bêcher et à désherber. Tuteurez les haricots d'Espagne et les pois.

Support de culture : continuez à bêcher. Ramassez les pommes de terre. Désherbez les plates-bandes libres.

Semer et planter : plantez les jeunes plants. Semez une succession de légumes comme des endives, des laitues et des radis.

Récolter : récoltez tout ce qui vous fait envie.

Milieu de l'été

Entretien et préparatifs : soutenez les plantes qui souffrent de la chaleur et qui pendent mollement. Récoltez les baies. Coupez la menthe et les aromates à faire sécher. Paillez avec du fumier. Surveillez les tomates, ôtez les jeunes tiges et nourrissez-les selon les besoins. Ramassez les pommes de terre. Continuez à bêcher entre les rangées. Arrosez et désherbez. Assurez-vous que les serres et serres-tunnels sont bien ouvertes.

Support de culture : désherbez, bêchez et paillez. Désherbez après la récolte de pommes de terre. Buttez les pommes de terre de culture principale.

Semer et planter : plantez le céleri et les légumes comme les choux, les choux de Bruxelles et les brocolis.

Récolter : continuez à ramasser, cueillir, consommer et stocker.

Fin de l'été

Support de culture : désherbez et bêchez. Désherbez les plates-bandes de pommes de terre vides.

Semer et planter : semez encore des endives, des radis, des épinards, des oignons et tout ce qui convient à cette saison. Semez des laitues et autres salades à couvert. Semez des choux pour une plantation au printemps.

Récolter : continuez à récolter, consommer et stocker. Faites sécher des herbes aromatiques. Cueillez les haricots, les tomates et les fruits une fois mûrs.

Début de l'automne

Entretien et préparatifs : surveillez les gelées et protégez vos cultures. Déterrez et stockez vos tubercules. Récoltez le céleri et les poireaux. Débarrassez-vous des chenilles. Taillez les framboisiers. Arrosez, désherbez et bêchez selon les besoins. Blanchissez les endives.

Support de culture : désherbez, bêchez et paillez dès que vous avez récolté les légumes.

Semer et planter : plantez des choux de printemps. Consultez les indications sur les sachets de graines et semez si possible.

Récolter : ramassez les pommes de terre et les oignons. Cueillez les haricots d'Espagne. Ramassez et stockez les tubercules. Cueillez et stockez les fruits à mesure qu'ils mûrissent. Poursuivez la récolte des autres produits et consommez-les.

Milieu de l'automne

Entretien et préparatifs : attention aux gelées, veillez à bien protéger vos cultures. Paillez les plates-bandes libres. Nettoyez le sol et versez les déchets sur le tas de compost. Nettoyez les passages, entretenez les plates-bandes. Éclaircissez les oignons.

Support de culture : désherbez, bêchez et paillez les plates-bandes à mesure qu'elles se libèrent.

Semer et planter : plantez de la rhubarbe et des petits fruits. Semez des pois dans des plates-bandes protégées. Semez des salades sous verre. Plantez les jeunes plants. Semez les pois précoces dans des zones abritées du froid.

Récolter : ramassez les dernières tomates, et les légumes tels le céleri et les carottes.

Fin d'automne

Entretien et préparatifs : attention aux gelées. Protégez vos plantations. Nettoyez les déchets végétaux, désherbez les plates-bandes libres et paillez. Continuez à biner et à désherber selon les besoins. Retirez les tuteurs des haricots et des pois.

Support de culture : désherbez, bêchez et paillez les plates-bandes à mesure qu'elles se libèrent.

Semer et planter : semez des fèves dans un coin abrité.

Récolter : Ramassez et stockez les tubercules. Coupez, ramassez et consommez les autres légumes selon vos besoins.

Début de l'hiver

Entretien et préparatifs : attention aux gelées. Protégez vos cultures. Nettoyez les outils et la remise.

Support de culture : désherbez et bêchez les plates-bandes à mesure qu'elles se libèrent et paillez. Vérifiez l'état des légumes en réserve.

Semer et planter : si le temps est doux, vous pouvez planter les fèves. Buttez les pois. Semez des salades sous verre et protégez-les comme il faut.

Récolter : ramassez les dernières blettes, ainsi que les choux de Bruxelles, les choux d'hiver, les dernières carottes, le céleri, la chicorée et tout ce qui est prêt.

TABLEAU DES SEMIS

Le tableau succinct ci-dessous indique, pour une grande variété de légumes, les périodes adéquates pour semer ainsi que les distances idéales. Gardez à l'esprit que la méthode intensive du jardin surélevé vous permet de tirer un maximum de la zone de culture suite à son organisation resserrée.

Légume	Période de semis	Espacement
Ail	Plantez de l'automne au début du printemps	15-25 cm
Artichaut	Semez au milieu du printemps	45-90 cm
Asperge	Semez du début à la fin du printemps	45 cm
Aubergine	Semez au début du printemps	30-45 cm
Betterave	Semez du début du printemps à la fin de l'été	10-13 cm
Blette	Semez du milieu à la fin du printemps	20-25 cm
Brocoli	Semez du milieu à la fin du printemps	30-45 cm
Carotte	Semez du début du printemps au début de l'été	5-7,5 cm
Céleri	Semez du début au milieu du printemps sous verre, plantez de la fin du printemps au début de l'été	23-30 cm
Céleri-rave	Semez du début à la fin du printemps, plantez de la fin du printemps au début de l'été	25 cm
Chou	Variétés de printemps : semez du milieu à la fin de l'été Variétés d'été : de la fin de l'hiver à la fin du printemps Variétés d'hiver : du début à la fin du printemps	30 cm
Chou de Bruxelles	Semez du début à la fin du printemps	45-90 cm
Chou-fleur	Semez du début à la fin du printemps	30-45 cm
Chou frisé	Semez du milieu à la fin du printemps, plantez du début à la fin de l'été	38-45 cm
Concombre	Semez du milieu à la fin du printemps	45 cm
Courge et courgette	Semez du milieu à la fin du printemps, plantez de la fin du printemps au début de l'été	Une plante pour 90 cm^2
Cresson	Pour une récolte de l'automne au printemps, semez du milieu à la fin de l'été	20-25 cm
Endive	Semez de la fin du printemps au mileu de l'été	20 cm
Épinard, été	Semez de la fin de l'hiver à la fin de l'été	23-30 cm
Épinard, hiver	Semez du milieu de l'été au début de l'automne	15 cm
Fève	Semer de la fin de l'hiver au milieu du printemps ou à l'automne	20-25 cm
Haricot d'Espagne	Semez de la fin du printemps au début de l'été	15-20 cm
Haricot vert	Semez du milieu du printemps au début de l'été	13-15 cm
Laitue	Variétés de printemps : semez de la fin de l'été au milieu de l'automne	20-35 cm
Maïs doux	Semez au milieu du printemps dans des pots de tourbe, plantez à la fin du printemps	30-40 cm
Navet	Semez du milieu du printemps à la fin de l'été	15-23 cm
Oignon	Semez du début du printemps à la fin de l'été	5-15 cm
Panais	Semez de la fin de l'hiver au milieu du printemps	13-15 cm
Poireau	Semez du milieu à la fin de l'hiver ou du début au milieu du printemps, plantez au milieu de l'été	15-20 cm
Pois	Semez du début du printemps au milieu de l'été	13-15 cm
Poivron	Semez de la fin de l'hiver au début du printemps	30-45 cm
Radis	Semez du milieu de l'hiver à la fin de l'été	5-7,5 cm
Rutabaga	Semez du milieu du printemps au milieu de l'été	15-23 cm
Tomate, extérieur	Semez du début du printemps à la fin de l'été	45 cm
Tomate, intérieur	Semez de la fin de l'hiver au début du printemps	60 cm
Topinambour	Semez de la fin de l'hiver au milieu du printemps	25 cm

Cresson et autres salades

Le cresson de terre, la roquette, la mâche ou le cresson alénois se mangent en salade, en soupe, cuits à la façon des épinards ou revenus à l'huile d'olive et glissés entre deux tranches de pain complet.

SEMER — RÉCOLTER

milieu d'hiver	fin d'hiver	début de printemps	milieu de printemps	fin de printemps	début d'été	milieu d'été	fin d'été	début d'automne	milieu d'automne	fin d'automne	début d'hiver	milieu d'hiver	fin d'hiver	début de printemps	milieu de printemps	fin de printemps	début d'été	milieu d'été	fin d'été	début d'automne	milieu d'automne	fin d'automne	début d'hiver

Le cresson

- Le cresson de terre et les autres salades poussent dans des endroits peu fertiles, humides et partiellement ombragés du jardin, mais préfèrent les zones bien arrosées, tachetées de lumière ou mi-ombragées.
- Le cresson et la plupart des autres salades, romaines, batavia, etc., sont prêts 6 à 8 semaines après la plantation.
- Cueillez les feuilles et elles seront remplacées dans la foulée : plus vous cueillez de jeunes feuilles, plus la plante en produit.

Support de culture

Choisissez une plate-bande dans un coin mi-ombragé du jardin, sans trop d'ombre, ni trop de soleil. Paillez abondamment avec du fumier bien décomposé (au moins un seau pour une plate-bande de 90 cm^2), du compost de jardin et du résidu de champignonnière.

Semer

- Pour les récoltes d'automne au printemps, semez du milieu à la fin de l'été ; pour les récoltes d'été, semez du début du printemps au début de l'été. Semez par petites pincées, à 6 mm de profondeur, espacées de 15-20 cm. Tassez et arrosez en pluie fine.
- Dès que les jeunes plants apparaissent, éclaircissez et conservez les plus vigoureux.

Substrat : fertile et rétenteur d'eau
Exposition : mi-ombre à mi-soleil
Récolte : cueillez systématiquement les feuilles de 7,5 -10 cm de long

Entretien de base

Binez le substrat à la houe pour ameublir la surface. Binez et arrosez tout au long de la saison. Si les oiseaux et les insectes s'attaquent à la plate-bande, protégez-la avec un filet. S'il fait chaud et sec, arrosez et éclaircissez pour que les plantes ne fanent pas. Si certaines d'entre elles montent en graine, repiquez les jeunes plants qui en sortiront pour combler les espaces vides.

Récolter

Récoltez les cultures d'hiver de la fin de l'automne au début de l'hiver et celles d'été à partir du printemps. La date précise dépend des variétés choisies et de la technique de culture. Le mieux est de progresser d'une plante à l'autre, en cueillant les feuilles tendres de la longueur de votre main.

Problèmes et solutions

- **Limaces et escargots.** Ils laissent généralement des trous ou des découpes dans les feuilles. Retirez quotidiennement ces ravageurs à la main.
- **Taches brunes au bord des feuilles.** Symptôme lié à un manque d'eau et/ou au fait que vous n'avez pas cueilli les jeunes feuilles.
- **Altises.** Leur présence se manifeste par des centaines de petits trous sur les feuilles et par l'aspect flétri de la plante. La prochaine fois, protégez la plante sous un filet horticole fin pour éviter le problème.

Laitue

Naguère, on ne trouvait sur les marchés que des laitues et des romaines. Aujourd'hui il y en pour tous les goûts : à feuilles rondes, tendres, craquantes, colorées, chiffonnées. Essayez différentes variétés, mais protégez-les de la chaleur et du froid.

Variétés d'été — SEMER : fin de printemps ; RÉCOLTER : fin d'été

milieu d'hiver	fin d'hiver	début de printemps	milieu de printemps	fin de printemps	début d'été	milieu d'été	fin d'été	début d'automne	milieu d'automne	fin d'automne	début d'hiver	milieu d'hiver	fin d'hiver	début de printemps	milieu de printemps	fin de printemps	début d'été	milieu d'été	fin d'été	début d'automne	milieu d'automne	fin d'automne	début d'hiver

Variétés d'hiver — SEMER : début d'automne ; RÉCOLTER : milieu de printemps

milieu d'hiver	fin d'hiver	début de printemps	milieu de printemps	fin de printemps	début d'été	milieu d'été	fin d'été	début d'automne	milieu d'automne	fin d'automne	début d'hiver	milieu d'hiver	fin d'hiver	début de printemps	milieu de printemps	fin de printemps	début d'été	milieu d'été	fin d'été	début d'automne	milieu d'automne	fin d'automne	début d'hiver

La laitue

- Les laitues se plaisent à 10-15 °C et doivent être à l'ombre en cas de fortes chaleurs.
- Les laitues se plantent en alternance avec les radis.
- Les laitues pommées sont semées à l'automne pour une consommation au printemps. Les laitues iceberg sont semées à la fin de l'été pour être mangées à la fin de l'automne. Les romaines se sèment en automne pour une consommation du milieu de l'hiver au milieu du printemps.

Support de culture

Les laitues se plaisent dans un substrat léger, meuble et rétenteur d'humidité. Il doit être riche en fumier bien décomposé, bien humide l'été, et le sol sous-jacent bien drainé. Étalez des épaisseurs de paillage, compost de jardin, fumier bien décomposé et résidu de champignonnière, et préparez-vous à ajouter du sable ou équivalent. Laissez de la place autour de la plate-bande pour un abri.

Semer

- Semez, selon le calendrier ci-dessus, une pincée de graines, à 1 cm de profondeur, espacées de 20-25 cm. Semez finement, tassez et arrosez en pluie fine. Protégez avec du verre ou du plastique. L'espacement dépend de la variété choisie.
- Une fois les jeunes plants bien enracinés, éclaircissez et conservez les plus vigoureux.

Entretien de base

Binez la surface à la binette ou à la houe pour ameublir le support de culture. Binez et arrosez tout au long de la saison. Protégez la plate-bande des oiseaux et autres ravageurs avec un filet. Lorsqu'il fait chaud et sec, arrosez au moins deux fois par jour. Si la chaleur persiste, étalez une fine couche de paillage de résidu de champignonnière sur l'ensemble de la plate-bande pour conserver l'humidité.

Récolter

La période de récolte dépend des variétés choisies et des méthodes de culture. En règle générale, si la plante reçoit une protection complète, vous maximiserez votre production en plantant vos légumes tôt avec des récoltes précoces et tardives.

Substrat : léger, fertile, rétenteur d'humidité
Exposition : légère ombre par temps ensoleillé
Récolte : coupez lorsque le cœur est formé et ferme

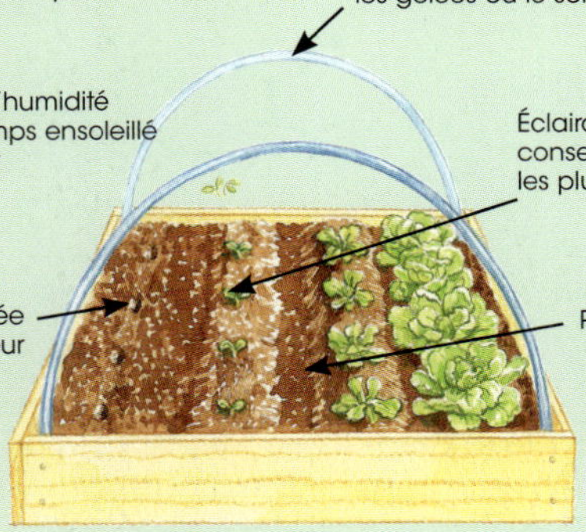

Problèmes et solutions

- **Limaces et escargots.** Ils laissent des trous ou des découpes dans les feuilles. Retirez ces ravageurs quotidiennement à la main.
- **Pucerons.** Les feuilles sont enroulées autour de colonies de pucerons gluantes. Pulvérisez à l'eau savonneuse pour nettoyer la substance gluante. Raclez le substrat sur 2-3 cm de hauteur pour éliminer l'eau souillée et brûlez tous les débris à la fin de la saison.
- **Taches brunes au bord des feuilles.** Symptôme lié à un manque d'eau et/ou au fait que vous n'avez pas cueilli les jeunes feuilles.

Endive

Vous appréciez les saveurs poivrées et une consistance croquante dans vos salades d'hiver, vous disposez d'une serre et d'un abri, et vous avez la patience d'attendre une bonne partie de l'année avant de récolter votre culture, alors les endives sont faites pour vous.

SEMER — RÉCOLTER

milieu d'hiver	fin d'hiver	début de printemps	milieu de printemps	fin de printemps	début d'été	milieu d'été	fin d'été	début d'automne	milieu d'automne	fin d'automne	début d'hiver	milieu d'hiver	fin d'hiver	début de printemps	milieu de printemps	fin de printemps	début d'été	milieu d'été	fin d'été	début d'automne	milieu d'automne	fin d'automne	début d'hiver

Les endives

- Une des difficultés, mais aussi un des aspects amusants de la culture des endives, est d'obtenir de gros bourgeons charnus, en forçant le développement des racines de chicorée de la fin de l'automne au début du printemps.
- Les variétés de chicorées qui blanchissent naturellement sont généralement plus faciles à cultiver, mais ont moins de goût et de consistance.
- Le goût poivré, fumé, amer des endives relève les aliments plus doux comme la betterave et le poisson. C'est une feuille idéale pour un sandwich au pain complet.

Support de culture

Le substrat qui convient est doux de texture, riche en compost bien décomposé et humide. Si le fumier est trop récent, les racines de chicorées se fissureront. Le mieux est d'étaler une bonne quantité de fumier pour une première culture, puis de faire suivre la chicorée. Le substrat doit être meuble et humide, sans former de paquets compacts et collants. Choisissez un endroit ensoleillé loin des courants d'air.

Semer

- **Fin du printemps - milieu de l'été.** Semez une pincée de graines à 12 mm de profondeur, espacées d'environ 20 mm, tassez et arrosez en pluie fine.
- Éclaircissez et conservez les jeunes plants les plus vigoureux.

Substrat : compost bien décomposé et humide
Exposition (pas le chicon) : abritée et ensoleillée
Récolte : coupez à raz du collet avec un couteau bien aiguisé

Entretien de base

Arrosez quotidiennement. Binez la surface du substrat à la houe afin de l'ameublir. Nourrissez les plantes tout au long de leur cycle de développement. Arrachez la chicorée à la fin de la saison et coupez les feuilles à 2,5 cm du collet. Allongez les racines qui ressemblent au panais, tête bêche, à plat dans une caisse de sable sec.

Récolter

Récoltez et consommez les variétés qui blanchissent naturellement du milieu de l'automne jusqu'au milieu de l'hiver. Faites blanchir les endives du milieu ou fin de l'automne jusqu'au milieu du printemps. Prenez quatre racines à la fois (conservées du milieu à la fin d'automne), plantez-les dans un grand pot de compost de rempotage humide, couvrez-les d'une feuille de plastique noir et conservez dans une remise tiède. Elles seront prêtes en 3 ou 4 semaines environ.

Problèmes et solutions

- **Dégâts sur les feuilles et la tige.** Résultat sans doute du travail des limaces et des chenilles. Binez le sol autour des plantes et retirez les ravageurs.
- **Limaces.** Installez des barrières ou des pièges à limaces et ôtez-les à la main.
- **Pourriture au cœur.** Se manifeste par des taches marron-jaune sur les feuilles. Cela peut être causé par le gel ou par un virus. La prochaine fois, choisissez des variétés résistantes au gel et aux virus.

Blette

Difficile d'obtenir des épinards toute l'année ? Qu'à cela ne tienne, cultivez des blettes ! Également appelées « cardes », elles sont plus fortes en goût, plus croquantes et plus faciles à cultiver que les épinards.

			SEMER					RÉCOLTER															
milieu d'hiver	fin d'hiver	début de printemps	milieu de printemps	fin de printemps	début d'été	milieu d'été	fin d'été	début d'automne	milieu d'automne	fin d'automne	début d'hiver	milieu d'hiver	fin d'hiver	début de printemps	milieu de printemps	fin de printemps	début d'été	milieu d'été	fin d'été	début d'automne	milieu d'automne	fin d'automne	début d'hiver

Les blettes

- Les blettes sont un choix judicieux si vous avez du mal à cultiver des épinards.
- Ramassées jeunes et tendres, elles se mangent entières, feuilles et tiges colorées.
- Semée tardivement, la racine peut être repiquée dans une serre-tunnel et récoltée l'hiver.
- Les variétés à tige colorée font un bel effet parmi les fleurs.
- Cultivez toute la gamme d'épinards et de blettes, et vous en aurez pour toute l'année.

Support de culture

Une plate-bande riche en fumier bien décomposé, un substrat bien humidifié mais bien drainé, et un emplacement ensoleillé, voilà ce qui convient le mieux aux blettes. La plante, semi-rustique, est capable d'endurer quelques degrés de gel, mais elle se portera mieux si vous la repiquez dans une serre-tunnel (voir p. 7) ou si vous protégez les plates-bandes avec des filets et des écrans.

Semer

- **Milieu-fin du printemps.** Semez une pincée de 3 ou 4 graines à 18 mm de profondeur, à intervalles de 23 cm, de long en large de la plate-bande. Tassez et arrosez généreusement en pluie fine.
- Éclaircissez les jeunes plants de taille à être manipulés et conservez les plus vigoureux.

Substrat : bien enrichi de fumier
Exposition : ensoleillée
Récolte : coupez les tiges à la base avec un couteau aiguisé

Entretien de base

Si le temps est globalement sec et si les plantes semblent flétries, tassez bien le substrat autour et ajoutez du résidu de champignonnière pour écarter les mauvaises herbes et retenir l'humidité. Par temps sec, arrosez généreusement. Prenez soin des plantes en ôtant les fleurs fanées et les feuilles jaunies.

Récolter

La récolte se fait du milieu de l'été jusqu'à l'été suivant. La durée dépend de la variété, de votre situation géographique et de la protection apportée aux plantes. Cueillez peu et souvent afin d'assurer un approvisionnement régulier de jeunes feuilles tendres.

Problèmes et solutions

- **Montée en graine prématurée.** Symptomatique d'un manque d'eau. Paillez régulièrement et arrosez tous les jours.
- **Feuilles et tiges coriaces.** Cueillez les feuilles de 15-20 cm de haut pour éviter le problème. Donnez le surplus de production à vos voisins ou à vos animaux, ou ajoutez au compost.

Épinard

Tout juste ramassés, cuits à la vapeur, ou à l'eau et bien égouttés, les épinards sont un délice. Des espèces proches, comme les épinards perpétuels, les poirés et les épinards de Nouvelle-Zélande, peuvent les remplacer et sont peut-être plus adaptées à votre région.

			SEMER									RÉCOLTER												
milieu d'hiver	fin d'hiver	début de printemps	milieu de printemps	fin de printemps	début d'été	milieu d'été	fin d'été	début d'automne	milieu d'automne	fin d'automne	début d'hiver	milieu d'hiver	fin d'hiver	début de printemps	milieu de printemps	fin de printemps	début d'été	milieu d'été	fin d'été	début d'automne	milieu d'automne	fin d'automne	début d'hiver

Les épinards

- Comme pour les autres légumes, les gens ne connaissent souvent que les épinards du commerce, flétris après de multiples transports, et n'ont pas idée du goût succulent des variétés cultivées dans son jardin.
- Popeye, personnage de bande dessinée, a popularisé les épinards qui décuplaient instantanément sa force et son énergie.

Support de culture

Les épinards apprécient quasiment tous les substrats et peuvent servir de culture dérobée entre d'autres légumes. Et s'ils dégénèrent après quelques récoltes, peu importe, car il est facile d'en semer d'autres avant la fin du printemps. Ils poussent donc à peu près partout, mais préfèrent une plate-bande qui retient l'humidité et riche du fumier d'une culture précédente.

Semer

- **Début du printemps - début de l'été.** Semez une pincée de graines à 2,5 cm de profondeur, à intervalles de 7,5 cm. Tassez et arrosez généreusement en pluie fine.
- Éclaircissez les jeunes plants de taille à être manipulés et conservez les plus vigoureux, espacés de 7,5 cm. Plus tard, arrachez-en d'autres en laissant des intervalles de 15 cm.

Arrosez avant et après avoir éclairci et mangez les plants prélevés.

Entretien de base

Binez la surface du substrat à la houe pour l'ameublir et qu'elle reste humide. Arrosez généreusement. Si le temps devient sec, étalez des couches de fumier décomposé entre les plantes et arrosez régulièrement. Le manque d'eau provoquerait une montée en graine prématurée.

Récolter

Récoltez presque toute l'année selon la variété et les méthodes de culture. Cueillez les feuilles à la main et jetez celles qui sont abîmées et vieilles avec les déchets.

Substrat : riche, humide et fertile
Exposition : ensoleillée
Récolte : coupez les feuilles une à une avec des ciseaux

Problèmes et solutions

- **Feuilles déformées.** Résultat sans doute dû à la maladie de l'épinard propagée par les aphidés. Débarrassez la plante des aphidés à l'eau et au savon liquide, arrachez et brûlez les plantes trop atteintes. À l'avenir, plantez des variétés résistantes sur une plate-bande propre.
- **Moisissures sur les feuilles.** C'est probablement la manifestation d'une sorte de mildiou. Espacez largement les plants de façon à ce que l'air circule aisément.

Brocoli

Blancs ou violets, les jeunes pousses de brocolis sont fantastiques. Si vous êtes un enthousiaste, prêt à semer des variétés successives et à vous en occuper à chaque étape, vous mangerez des brocolis, tiges et bouquets, de l'été jusqu'au milieu de l'automne.

			SEMER	SEMER	REPIQUER	REPIQUER							RÉCOLTER	RÉCOLTER	RÉCOLTER				RÉCOLTER	RÉCOLTER	RÉCOLTER		
milieu d'hiver	fin d'hiver	début de printemps	milieu de printemps	fin de printemps	début d'été	milieu d'été	fin d'été	début d'automne	milieu d'automne	fin d'automne	début d'hiver	milieu d'hiver	fin d'hiver	début de printemps	milieu de printemps	fin de printemps	début d'été	milieu d'été	fin d'été	début d'automne	milieu d'automne	fin d'automne	début d'hiver

Les brocolis

- Si vous ne connaissez que les brocolis durs et filandreux du commerce (apétissant d'aspect mais à la consistance filandreuse), les espèces du jardin, fermes et lisses, vous paraîtront un vrai régal.
- Allongez la période de culture en cueillant le brocoli au stade de la pousse, dès que les tiges apparaissent, et en cueillant de nouveau lorsque sortent les petites fleurs. Les fleurs tardives se mangent et sont très goûteuses.

Support de culture

Le brocoli se plaît dans un sol lourd à fertile, bien paillé de fumier et bien tassé. S'il est en plus humide mais bien drainé, le substrat produit généralement des inflorescences serrées, compactes, tandis que s'il est trop riche et meuble, il produira des inflorescences lâches et ouvertes. L'idéal serait une plate-bande dans un coin ensoleillé, ouvert mais non venteux.

Semer et repiquer

- **Milieu-fin du printemps.** Semez des graines à 6 mm de profondeur, dans un plateau de semis profond ou des plates-bandes préparées.
- **Début-fin de l'été.** Repiquez par une journée maussade et pluvieuse pour ne pas avoir à arroser et pour que les jeunes plants délicats ne soient pas brûlés par le soleil. Creusez une série de trous espacés de 30-45 cm et installez-y les jeunes plants avec beaucoup d'eau. L'espacement dépend de la variété. Tassez autour des plants avec les doigts.
- Les semis du début de l'été pourront se manger à la fin de l'automne.

Entretien de base

Arrosez les jeunes plants avant et après repiquage, puis quotidiennement. Binez la surface du substrat à la houe pour l'ameublir et le nettoyer. Si le temps est sec, paillez davantage. Une fois les plants bien enracinés, ajoutez une fine couche de compost bien décomposé.

Récolter

Récoltez du milieu de l'hiver à la fin du printemps et du milieu de l'été à la fin de l'automne, selon la variété cultivée et le type de protection (cultivée en serre-tunnel ou protégée de filets et de voile). Cueillez la tige centrale d'abord, puis les repousses ; faites-le régulièrement pour favoriser les nouvelles pousses.

Substrat : lourd et fertile
Exposition : ouverte et ensoleillée

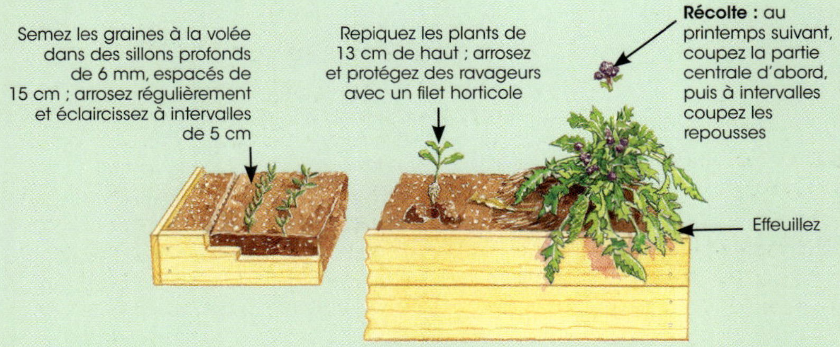

Problèmes et solutions

- **Chenilles, papillons et pigeons.** Protégez la plate-bande avec des filets pour écarter les piérides et les pigeons, et retirez les chenilles à la main. Inspectez les plantes tous les jours.
- **Feuilles déformées.** Elles sont parfois le fait des pucerons et des aleurodes. Vaporisez la plante à l'eau et au savon liquide. Arrachez les feuilles atteintes.
- **Filet de protection.** Lavez les filets en début de saison, afin de les débarrasser d'éventuels ravageurs et moisissures.

Chou

Le chou est l'un des légumes les plus importants, car il représente une réserve annuelle de verdure. Facile à cultiver, il y en a de toutes dimensions, formes, couleurs et textures – gros comme un ballon de football, pointus, ridés ou lisses, verts mais aussi rouges, blancs et roses.

Chou de printemps — SEMER — REPIQUER — RÉCOLTER

milieu d'hiver	fin d'hiver	début de printemps	milieu de printemps	fin de printemps	début d'été	milieu d'été	fin d'été	début d'automne	milieu d'automne	fin d'automne	début d'hiver	milieu d'hiver	fin d'hiver	début de printemps	milieu de printemps	fin de printemps	début d'été	milieu d'été	fin d'été	début d'automne	milieu d'automne	fin d'automne	début d'hiver

Chou d'été — SEMER — REPIQUER — RÉCOLTER

milieu d'hiver	fin d'hiver	début de printemps	milieu de printemps	fin de printemps	début d'été	milieu d'été	fin d'été	début d'automne	milieu d'automne	fin d'automne	début d'hiver	milieu d'hiver	fin d'hiver	début de printemps	milieu de printemps	fin de printemps	début d'été	milieu d'été	fin d'été	début d'automne	milieu d'automne	fin d'automne	début d'hiver

Chou d'hiver — SEMER — REPIQUER — (selon les variétés) RÉCOLTER

milieu d'hiver	fin d'hiver	début de printemps	milieu de printemps	fin de printemps	début d'été	milieu d'été	fin d'été	début d'automne	milieu d'automne	fin d'automne	début d'hiver	milieu d'hiver	fin d'hiver	début de printemps	milieu de printemps	fin de printemps	début d'été	milieu d'été	fin d'été	début d'automne	milieu d'automne	fin d'automne	début d'hiver

Le chou

- En planifiant, vous pouvez en manger toute l'année.
- Le chou est facilement victime de trop de pluie, trop de soleil, des gelées sévères, des vents violents, des pigeons, des chenilles, des œufs de papillons. Il faut donc protéger la plante.

Substrat : enrichi de fumier, bien drainé, ferme
Exposition : ouverte et ensoleillée
Récolte : coupez à la base avec un couteau aiguisé

Support de culture

Les choux se plaisent dans des plates-bandes riches en fumier, bien drainées, humides et abritées du vent. Il en va de même des variétés comme le chou rouge, à ceci près que le substrat doit être plus riche.

Semer et repiquer

- Semez des graines selon le calendrier ci-dessus, à 6 mm de profondeur, dans des plates-bandes de semis préparées ou des plateaux de semis profonds.
- Repiquez selon le calendrier ci-dessus. Glissez les jeunes plants dans des trous espacés de 30 cm, arrosez abondamment et tassez.

Entretien de base

Arrosez les jeunes plants tous les jours. Ramenez la terre autour des plants à l'aide d'une binette pour les protéger du gel et du vent. Une fois par semaine, par temps sec, binez le substrat à la houe pour l'ameublir, le débarrasser des mauvaises herbes et favoriser la rétention d'eau. Protégez les plantes des ravageurs avec du filet horticole ou du voile ou avec des écrans de plastique transparent.

Récolter

Récoltez selon le calendrier ci-dessus. Coupez le chou près du sol, tracez un X profond sur le pied et quatre petits choux supplémentaires pousseront.

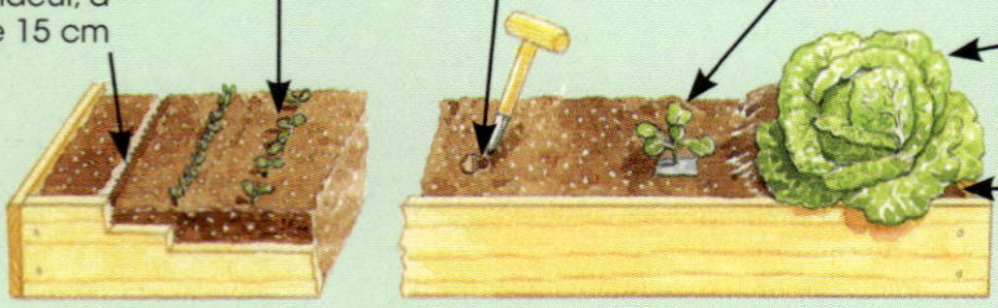

Problèmes et solutions

- **Mouche du chou.** Elle fait pourrir le pied et les feuilles. Étalez du feutre, du plastique ou de la moquette autour de la plante.
- **Moisissure de la feuille.** Traitez en vaporisant un produit bio anti-pourriture.
- **Aphidés (pucerons).** Vaporisez à l'eau et au savon, puis nettoyez à l'eau propre. Brûlez le haut du substrat sur 2,5 cm, ainsi que les plantes à la fin de la saison.
- **Trous dans les feuilles.** Œuvre des chenilles et des oiseaux. Pour éviter le problème, cultivez la plante en cage de filet, comme les fruits.
- **Racines déformées et croissance ralentie.** Sans doute causées par la hernie du chou. Arrachez et brûlez les plantes affectées et appliquez la rotation des cultures.
- **Feuilles pourrissantes.** Pourriture brun-gris malodorante provoquée par le gel. Arrachez les plantes touchées et brûlez-les.

Chou-fleur

La culture du Chou-fleur peut se transformer en un défi, mais cultivé correctement, c'est un véritable plaisir. Il se mange en salade et en gratin ; il est délicieux juste cuit à la vapeur, en fleurettes, servi avec un morceau de pain noir fait maison et du bleu relevé.

(environ 9 mois de l'année selon les variétés)

			SEMER		**REPIQUER**						**RÉCOLTER**												
milieu d'hiver	fin d'hiver	début de printemps	milieu de printemps	fin de printemps	début d'été	milieu d'été	fin d'été	début d'automne	milieu d'automne	fin d'automne	début d'hiver	milieu d'hiver	fin d'hiver	début de printemps	milieu de printemps	fin de printemps	début d'été	milieu d'été	fin d'été	début d'automne	milieu d'automne	fin d'automne	début d'hiver

Le Chou-fleur

- Le chou-fleur se cultive facilement. Mais s'il est assez simple de produire un Chou-fleur acceptable, il est très difficile d'en produire un vraiment gros et ferme.
- Le chou-fleur est très sensible à toutes sortes d'inconvénients, support de culture pauvre, trop sec, trop humide, trop froid par exemple. Au moindre obstacle, il devient chétif et mou.

Support de culture

Un substrat bien enrichi de fumier, bien drainé mais rétenteur d'humidité et une exposition ensoleillée sont ce qui convient le mieux au chou-fleur. N'utilisez pas de fumier frais et ne l'étalez pas à la surface ; choisissez-le bien décomposé et enfouissez-le dans le substrat, bien recouvert de vieux compost. L'idéal est de planter ses choux-fleurs dans un support de culture bien enrichi de fumier d'une précédente culture. Si le sol est vraiment trop pauvre ou sec, mieux vaut abandonner l'idée de cultiver ce légume. Dans de mauvaises conditions, la plante produira des feuilles à foison, mais sans doute pas de chou-fleur digne de ce nom.

Semer et repiquer

- **Début-fin du printemps.** Semez les graines à environ 12 mm de profondeur, dans des plates-bandes préparées ou dans des plateaux à semis.
- **Début-milieu de l'été.** Repiquez par temps gris et pluvieux afin que les jeunes plants ne soient pas brûlés et desséchés par le soleil. Creusez des trous à 30-45 cm d'intervalle, de façon à mettre 4 plants par plate-bande de 90 cm². Tassez le substrat avec les doigts, puis arrosez abondamment.

- Protégez de la mouche du chou avec des « colliers » en plastique, carton ou feutre.

Entretien de base

Arrosez les plants avant et après repiquage. Binez le substrat à la houe pour l'ameublir et étalez de la paille hachée ou du carton déchiqueté pour favoriser la rétention d'humidité. Arrosez généreusement. Dès qu'un chou-fleur apparaît, repliez délicatement une ou plusieurs de ses feuilles par-dessus, afin qu'il reste propre et ne jaunisse pas.

Récolter

Si vous semez tôt les variétés du début de l'automne et de l'hiver, vous pourrez les récolter du début jusqu'au milieu de l'été. Coupez le chou-fleur entier avec quelques feuilles enveloppantes ou bien déterrez la plante entière et conservez-la dans un abri hors gel.

Substrat : fumier bien décomposé sous du compost
Exposition : ensoleillée
Récolte : coupez à la base avec un couteau aiguisé

Remarque: protégez des chenilles avec du voile ou un filet

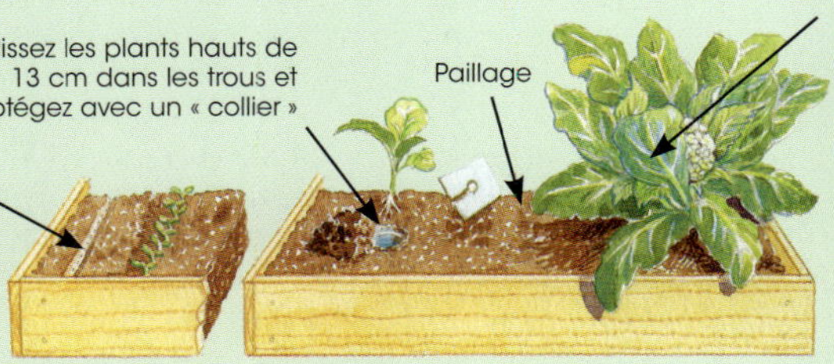

Problèmes et solutions

- **Taches sur la feuille.** Il s'agit de points bruns sur les feuilles. Faites de votre mieux pour obtenir une production, puis brûlez le reste des plantes à la fin de la saison ou encore coupez simplement vos pertes et brûlez-les. La prochaine fois, choisissez une autre plate-bande.
- **Puceron cendré du chou.** Se manifeste par un dépôt gluant bleu-gris sous les feuilles. Nettoyez à l'eau et au savon liquide, raclez et retirez la couche supérieure du substrat sur 2,5 cm, et brûlez les plantes en fin de saison.
- **Feuilles trouées.** Sans doute le travail des chenilles et/ou des oiseaux. Installez une sorte de cage en filet par-dessus les cultures.

Chou frisé

Le chou frisé est le seul chou qui ne pousse pas en pomme. C'est un légume rustique, cultivé de la fin de l'automne au milieu du printemps. Les jeunes feuilles et les pousses sont si tendres et croquantes qu'elles mettront vos papilles gustatives en éveil.

SEMER (fin de printemps – début d'été) · REPIQUER (milieu d'été) · RÉCOLTER (fin d'hiver)

milieu d'hiver	fin d'hiver	début de printemps	milieu de printemps	fin de printemps	début d'été	milieu d'été	fin d'été	début d'automne	milieu d'automne	fin d'automne	début d'hiver	milieu d'hiver	fin d'hiver	début de printemps	milieu de printemps	fin de printemps	début d'été	milieu d'été	fin d'été	début d'automne	milieu d'automne	fin d'automne	début d'hiver

Le chou frisé

- Le chou est une bonne culture, fiable, mais c'est également un choix judicieux si vous avez des difficultés à cultiver d'autres légumes verts à cause de la maladie du chou, des fortes gelées ou de la pauvreté d'un substrat par exemple.
- On le cultive du milieu de l'automne jusqu'au début du printemps.
- Si votre terrain est battu par les vents, ce qui n'est pas bon pour vos choux de Bruxelles ou vos choux à grosse pomme, optez pour les variétés basses et rustiques.

Support de culture

Un substrat puissant, bien travaillé, bien tassé et fertile, et une exposition ensoleillée sont ce qui convient le mieux au chou frisé. Il a besoin de beaucoup de fumier, qui ne soit pas trop riche et frais, sinon les plantes risqueraient de pousser en hauteur plutôt que de s'étoffer en largeur. L'idéal est de cultiver ce chou sur une plate-bande enrichie de fumier pour une première culture. La plante démarrera sa croissance lentement et deviendra rustique. Ce légume supporte à peu près toutes les conditions, mais il n'apprécie pas les sols friables, l'eau stagnante et les longues gelées mordantes.

Semer et repiquer

- **Milieu-fin printemps.** Semez des graines à 12 mm de profondeur environ directement dans une plate-bande surélevée ou dans un plateau à semis.
- **Début-fin de l'été.** Repiquez de préférence par temps maussade et pluvieux pour ne pas avoir à arroser. Retirez les jeunes plants, faites des trous au plantoir espacés de 38-45 cm sur toute la plate-bande. Glissez-y les plants et tassez le substrat avec les doigts. Arrosez fréquemment les premiers jours.

Entretien de base

Arrosez tous les jours. Binez le substrat à la houe pour l'ameublir et entassez la terre autour pour renforcer la plante et la protéger du gel et du vent. Le chou frisé résistera sur un terrain exposé, mais si les vents y sont particulièrement forts, édifiez un écran protecteur du côté du vent, avec du filet serré ou du bois tressé, pas de plastique qui risquerait de s'envoler.

Récolter

La récolte se déroule de la fin de l'automne à la fin du printemps. Coupez les feuilles au couteau, puis coupez ensuite les pousses du haut vers le bas. Jetez les vieilles feuilles et les feuilles jaunies, et nettoyez la surface de la plate-bande de tout déchet qui pourrait attirer les limaces et autres ravageurs.

Substrat : profondément travaillé, compact et fertile
Exposition : ensoleillée
Récolte : retirez les jeunes feuilles avec un couteau aiguisé

Problèmes et solutions

- **Puceron cendré du chou.** Se manifeste par un dépôt gluant bleu-gris sous les feuilles. Nettoyez à l'eau et au savon liquide, puis rincez à l'eau claire. Raclez la couche supérieure du substrat sur 2,5 cm et brûlez les plantes à la fin de la saison.
- **Croissance ralentie et feuilles jaunies.** Sans doute provoquées par les secousses du vent. Tuteurez les plantes et choisissez des variétés naines ou bien une plate-bande abritée.

Chou de Bruxelles

Cuits à la vapeur et servis croquants avec une noix de beurre ou un filet d'huile d'olive, les choux de Bruxelles sont un vrai régal. Trop cuits et présentés sous forme de bouillie verdâtre, ils sont immangeables. Si vous et votre famille n'appréciez pas ce légume, peut-être suffit-il de changer de recettes.

		SEMER	SEMER	REPIQUER	REPIQUER						RÉCOLTER												
milieu d'hiver	fin d'hiver	début de printemps	milieu de printemps	fin de printemps	début d'été	milieu d'été	fin d'été	début d'automne	milieu d'automne	fin d'automne	début d'hiver	milieu d'hiver	fin d'hiver	début de printemps	milieu de printemps	fin de printemps	début d'été	milieu d'été	fin d'été	début d'automne	milieu d'automne	fin d'automne	début d'hiver

Les choux de Bruxelles

- Il y a des gens qui détestent les choux de Bruxelles. Peut-être est-ce ceux du commerce qui ne sont pas de très bonne qualité ou bien le mode de cuisson habituel qui ne convient pas.
- Ces choux apprécient un substrat ferme, de ne pas être bousculés par le vent et que leurs racines ne soient pas ébranlées. Le substrat doit être meuble et riche. La plante produit généralement une grande quantité de feuillage mais, dans votre assiette, le chou de Bruxelles lui-même est desserré, gonflé et léger.

Support de culture

Ce que préfèrent les choux de Bruxelles, c'est un substrat ferme, riche et fertile et une plate-bande de bonne taille qui permette une longue saison de culture. Ils n'apprécient guère d'être entassés dans un petit espace ou situés dans un endroit venteux. Le bon choix est de les installer dans une plate-bande profondément paillée d'une culture précédente. L'idéal est un emplacement ouvert et ensoleillé protégé des vents dominants. Si vous êtes dans une région ventée, choisissez des espèces basses et protégez-les avec des filets et/ou des écrans en bois tressé.

Semer et repiquer

- **Début-milieu du printemps.** Semez des graines à 6 mm de profondeur directement dans une plate-bande préparée pour les semis ou dans des plateaux à semis profonds.
- **Fin du printemps-début de l'été.** Repiquez les jeunes plants de préférence par temps couvert et pluvieux de façon à ce qu'ils ne souffrent pas du soleil. Tassez le substrat avec vos pieds et faites des trous au plantoir espacés de 45-90 cm afin d'obtenir un rang échelonné de plantes à 45 cm de distance. Installez les jeunes plants et tassez le substrat avec les doigts.

Entretien de base

Arrosez avant et après le repiquage, puis tous les jours. Binez le substrat pour l'ameublir et décourager les mauvaises herbes et les insectes nuisibles. Retirez les feuilles du bas à mesure qu'elles jaunissent. Une fois les plants bien enra-

cinés, paillez avec du vieux fumier ou de la paille pour favoriser la rétention d'humidité. À l'automne, tassez le substrat. Protégez les plantes des vents violents avec des filets, de la ficelle et des écrans.

Récolter

Récoltez à partir du début de l'automne jusqu'au début du printemps. Le moment précis dépend de la variété et de la méthode de culture. Cueillez les meilleurs choux de Bruxelles en commençant par le bas de la plante. Les choux abîmés et les feuilles jaunes iront sur le tas de compost.

Support de croissance : fertile et ferme
Exposition : abritée et ensoleillée
Récolte : cueillez à partir de la base avant que les choux ne s'ouvrent

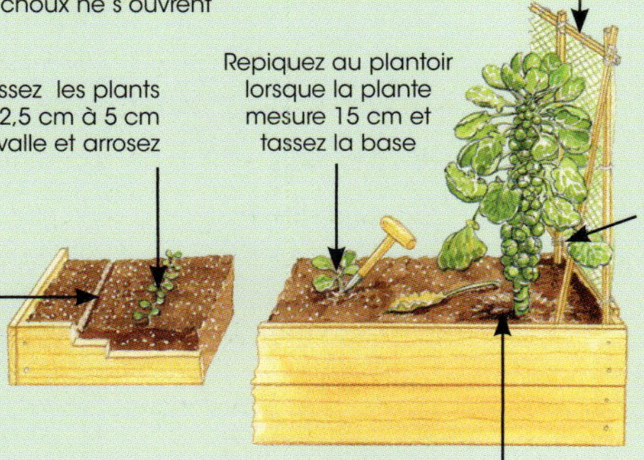

Problèmes et solutions

- **Feuilles trouées.** Sans doute le travail fait par des chenilles et/ou des oiseaux. Protégez dans une cage en filet comme pour les fruits.
- **Feuilles gluantes et déformées.** C'est très probablement le travail des pucerons et des aleurodes. Retirez les feuilles très endommagées, débarrassez la plante des pucerons à l'eau et au savon liquide, puis rincez à l'eau claire. Raclez 2,5 cm de la surface du substrat et brûlez.
- **Racines déformées et croissance ralentie.** Sans doute causées par la hernie du chou. Arrachez et brûlez les plantes affectées, et choisissez l'autre bout du jardin pour planter les futurs choux.

Asperge

L'asperge est un légume à la mode bien qu'il fût traditionnellement considéré comme difficile à cultiver. Il faut parfois attendre 3 ou 4 ans avant d'obtenir une récolte vraiment bonne, mais les plantes qui ont bien pris produiront pendant 20 ans ou plus.

milieu d'hiver	fin d'hiver	début de printemps	milieu de printemps	fin de printemps	début d'été	milieu d'été	fin d'été	début d'automne	milieu d'automne	fin d'automne	début d'hiver	milieu d'hiver	fin d'hiver	début de printemps	milieu de printemps	fin de printemps	début d'été	milieu d'été	fin d'été	début d'automne	milieu d'automne	fin d'automne	début d'hiver
			PLANTER																				

2e ou 3e année

milieu d'hiver	fin d'hiver	début de printemps	milieu de printemps	fin de printemps	début d'été	milieu d'été	fin d'été	début d'automne	milieu d'automne	fin d'automne	début d'hiver	milieu d'hiver	fin d'hiver	début de printemps	milieu de printemps	fin de printemps	début d'été	milieu d'été	fin d'été	début d'automne	milieu d'automne	fin d'automne	début d'hiver
				RÉCOLTER																			

Les asperges

- Elles sont plus faciles à cultiver à partir des griffes âgées d'une année qu'à partir d'une graine.
- Il serait possible, selon certains, d'obtenir une petite récolte la deuxième année ; d'autres estiment qu'il faut retenir la production jusqu'à la troisième ou quatrième année.

Support de culture

Les asperges se plaisent dans un substrat riche, profond, légèrement sablonneux, bien drainé et garni de fumier bien décomposé et de résidu de champignonnière. Choisissez un endroit abrité mais ensoleillé. Étalez de fines couches de résidu de champignonnière pour éliminer les mauvaises herbes. Il ne faut pas plus d'une plante par plate-bande de 90 cm^2.

Planter

- **Première année.** Creusez un sillon de 25 cm de profondeur et 38 cm de large. Tapissez le fond de monticules de 7,5 cm de compost ou de fumier bien décomposé.
- **Début-milieu de printemps.** Disposez les griffes d'un an, rhizomes étalés sur le monticule, à 45 cm de distance les unes des autres, et couvrez avec 5 à 7,5 cm de vieux compost bien décomposé. Arrosez généreusement.

Entretien de base

La première année, laissez la plante pousser jusqu'à l'automne. Juste avant que les baies n'apparaissent, taillez le feuillage, retirez les déchets et paillez avec du fumier bien décomposé, puis du vieux compost. Recommencez la deuxième année. La troisième année, au début du printemps, recouvrez la griffe de substrat. Puis au milieu - fin du printemps, coupez les pousses sélectionnées ; laissez-les pousser et tomber en été et, à la fin de l'automne, ôtez les déchets et paillez de neuf.

Récolter

La troisième saison, du milieu du printemps au début de l'été, de belles pousses vigoureuses se dressent à 7,5-10 cm du sol. Dégagez-les délicatement avec les doigts, puis glissez une longue lame de couteau sur le substrat à angle droit avec la pousse et tranchez à 7,5-10 cm sous la surface.

Substrat : bien drainé et fertile
Exposition : ouverte et ensoleillée
Récolte : 3e année, épars ; 4e année et suivantes, de la fin du printemps au début de l'été

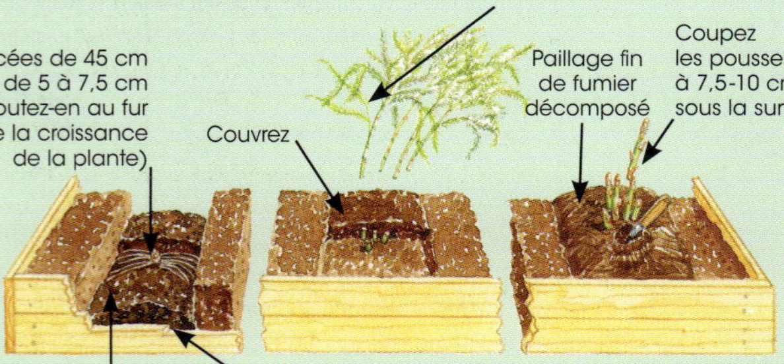

Problèmes et solutions

- **Limaces.** Disposez des barrières ou des pièges à limaces et/ou retirez les limaces à la main.
- **Mort des racines.** Brûlez toutes les plantes touchées et recommencez dans une plate-bande vierge.
- **Dégâts du gel.** Coupez les parties noircies et protégez la plante des gelées.
- **Mauvais rendement.** Sans doute le résultat d'une coupe trop précoce.

Céleri

La culture du céleri constitue un peu un défi : creuser des sillons, ceindre les plantes avec des colliers en carton, butter, arroser, butter de nouveau, etc. ; mais, pour consommer du céleri frais tout l'hiver, en soupe ou simplement avec du pain et du fromage, le jeu en vaut la chandelle.

SEMER (début de printemps) – REPIQUER (début d'été) – RÉCOLTER (début d'hiver)

milieu d'hiver	fin d'hiver	début de printemps	milieu de printemps	fin de printemps	début d'été	milieu d'été	fin d'été	début d'automne	milieu d'automne	fin d'automne	début d'hiver	milieu d'hiver	fin d'hiver	début de printemps	milieu de printemps	fin de printemps	début d'été	milieu d'été	fin d'été	début d'automne	milieu d'automne	fin d'automne	début d'hiver

Le céleri

- La culture du céleri demande beaucoup d'efforts et d'opérations, comme rehausser les plates-bandes de côtés supplémentaires, repiquer, monter les châssis pour le blanchiment. Pas particulièrement difficile, ce travail est chronophage.
- Les variétés qui blanchissent naturellement évitent le buttage, mais elles sont souvent insipides et sans consistance à la différence des variétés anciennes.
- Si vous cultivez toutes les variétés traditionnelles et qui blanchissent naturellement, vous mangerez du céleri du milieu de l'automne à la fin de l'hiver.

Support de culture

Le céleri se sent bien dans un substrat profond, riche, lourd et humide mais bien drainé et dans un endroit ensoleillé. La plate-bande doit être humide, mais non imbibée, car si le céleri a besoin de beaucoup d'eau, il n'apprécie pas un sol détrempé ou aigre. Veillez à bien préparer la plate-bande à l'avance, avec abondance de fumier bien décomposé. Le substrat mis de côté en prévision du buttage doit être fin et meuble.

Semer et repiquer

- **Début-milieu du printemps.** Semez des graines sous verre, à 12 mm de profondeur, dans des plateaux à semis préparés. Dès que les jeunes plants sont de taille à être manipulés, transférez-les dans des pots de tourbe.
- **Fin du printemps-début de l'été.** Repiquez-les dans une plate-bande, espacés de 23 cm.

Entretien de base

Arrosez les plantes quotidiennement. Binez le substrat pour l'ameublir. Retirez les drageons et les déchets. À mesure que les plantes croissent, rehaussez la plate-bande pour accueillir des épaisseurs de fumier bien décomposé et de compost de jardin, de façon à bien recouvrir les tiges. Lorsqu'il gèle, couvrez les plates-bandes de paille coupée et de carton, puis d'une fine couche de résidu de champignonnière, le tout recouvert d'un matelas de moquette, de carton ou autre, capable de bloquer le gel. Retirez ce matelas si le temps se met à la pluie ou se radoucit.

Récolter

Récoltez les variétés qui blanchissent naturellement puis les variétés traditionnelles de la fin de l'été au début du printemps. Déterrez les plantes en vous aidant d'une fourchette. Laissez couvertes les plantes restantes. À la fin de la saison, lorsque les plantes ont un aspect flétri, le cœur est peut-être récupérable une fois débarrassé des déchets maronnasses.

Substrat : profond, fertile et humide
Exposition : ensoleillée
Récolte : aidez-vous d'une fourchette comme levier

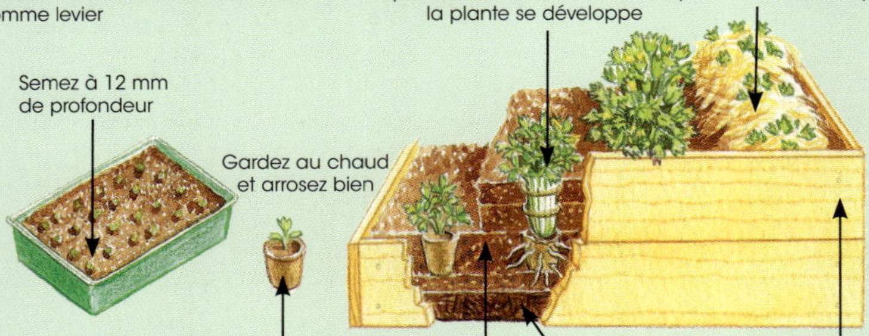

Problèmes et solutions

- **Taches brunes sur les feuilles.** Résultat des virus et/ou des champignons sans doute. Sauvez ce qui peut l'être, puis arrachez les plantes et brûlez-les. Choisissez une autre plate-bande pour vos prochaines tentatives.
- **Limaces et escargots.** Retirez-les à la main tous les jours.
- **Cœur noir.** Le cœur pourrit dès les jeunes plants. Brûlez tout et recommencez dans un autre pot.

Artichaut

L'artichaut, avec son air exotique, est cultivé pour sa fleur comestible qui forme un globe charnu composé de bractées. Plante vivace qui peut rester en terre comme la rhubarbe, elle peut tout aussi bien être cultivée comme annuelle ou même bisannuelle.

PLANTER : milieu de printemps — RÉCOLTER : fin d'été

milieu d'hiver	fin d'hiver	début de printemps	milieu de printemps	fin de printemps	début d'été	milieu d'été	fin d'été	début d'automne	milieu d'automne	fin d'automne	début d'hiver	milieu d'hiver	fin d'hiver	début de printemps	milieu de printemps	fin de printemps	début d'été	milieu d'été	fin d'été	début d'automne	milieu d'automne	fin d'automne	début d'hiver

L'artichaut

- On peut semer des graines d'artichaut, mais on le cultive plutôt à partir des œilletons, un peu comme la rhubarbe.
- Une plante saine atteint environ 1,20 m.
- La première année, débarrassez-vous des premières têtes et commencez réellement la culture à la deuxième saison.
- L'artichaut atteint son plein rendement la troisième ou quatrième année après la plantation.

Support de culture

L'artichaut était traditionnellement cultivé en plate-bande, dans un sol profond, riche et bien exposé au soleil. Il a besoin de beaucoup d'humidité tout au long de l'été et d'un substrat bien drainé l'hiver. Préparez le substrat avec des épaisseurs de fumier de ferme bien décomposé et un paillage supplémentaire de crottin au printemps et à l'automne.

Planter

- **Milieu du printemps.** Plantez les œilletons un à un, à 10 cm de profondeur, 2 par plate-bande de 90 cm².
- Enfoncez bien les plantes, arrosez tous les jours et prévoyez de l'ombre jusqu'à ce qu'elles soient bien enracinées.

Substrat : profond et riche
Exposition : ensoleillée

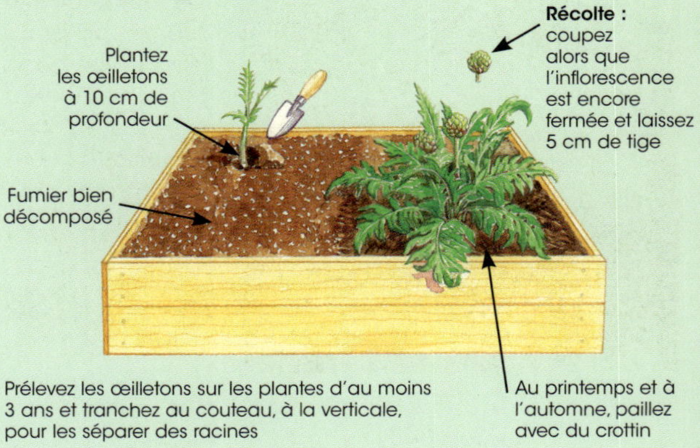

Entretien de base

La première saison, arrosez et paillez, délaissez les inflorescences en hiver, coupez le feuillage jusqu'au sol et recouvrez de paille. La seconde saison, retirez la paille et enrichissez de fumier au printemps. Trop grosses, les têtes sont parfois coriaces et filandreuses ; choisissez-les plutôt de taille moyenne.

Récolter

Récoltez à partir du début de l'été, lorsque les têtes sont mûres et les bractées encore fermées. Coupez-les avec 5 à 7,5 cm de tige et mettez-les dans l'eau le temps nécessaire. Coupez les tiges restantes et laissez les œilletons produire une seconde récolte tardive.

Problèmes et solutions

- **Limaces.** Installez des barrages ou des pièges à limaces et/ou retirez-les à la main.
- **Attaque d'insectes.** Taillez les parties touchées pour les retirer, nettoyez à l'eau et au savon liquide, retirez 2,5 cm de substrat non fertile en surface et remplacez avec un paillage de fumier bien décomposé.
- **Têtes brun rouille.** Indication du contact d'un champignon avec la fleur. Coupez délicatement et brûlez les plantes touchées.

Pois

Alors que le petit pois est souvent considéré comme un légume, il est en réalité classé dans les fruits par la botanique. Ce qui est étonnant avec lui, c'est que, même si les enfants rechignent en général à manger des légumes, ils apprécient souvent le goût, la consistance et la forme du petit pois.

			SEMER				RÉCOLTER																
milieu d'hiver	fin d'hiver	début de printemps	milieu de printemps	fin de printemps	début d'été	milieu d'été	fin d'été	début d'automne	milieu d'automne	fin d'automne	début d'hiver	milieu d'hiver	fin d'hiver	début de printemps	milieu de printemps	fin de printemps	début d'été	milieu d'été	fin d'été	début d'automne	milieu d'automne	fin d'automne	début d'hiver

Les pois

- Les petits pois mûrissent en 60 jours.
- Dans les mangetout, ou pois gourmands, tout se mange, le pois et la cosse. Récoltez lorsque les petits pois se forment tout juste dans la cosse. En fin de saison, enterrez les racines qui emmagasinent l'azote, pour accroître la fertilité du substrat.

Support de culture

Les petits pois se plaisent dans un substrat profond, bien drainé, humide, bien paillé de fumier d'une culture précédente, situé dans un endroit chaud et abrité. Ils exigent beaucoup d'humidité : si vous constatez que la plate-bande est sèche, détrempez-la et paillez avec du fumier bien décomposé.

Semer

- **Début du printemps-milieu de l'été.** Semez des graines dans des trous profonds de 2,5 à 5 cm espacés de 13-15 cm, sur la plate-bande ou sous verre, dans des gouttières en plastique larges de 7,5 cm. Lorsque les plantes ont bien pris racine, glissez-les dans la plate-bande. Tassez et arrosez.
- Couvrez la plate-bande de grillage en fer, de branches ou de voile pour écarter les oiseaux.
- Méfiez-vous des pigeons, des lapins, des souris et des chats.

Entretien de base

Une fois les plantes bien installées, binez le substrat à la houe. Recommencez au moins une fois par semaine, notamment lorsqu'il fait chaud. Durant les longues périodes de sécheresse, détrempez le substrat et recouvrez-le d'une grosse épaisseur de fumier bien décomposé. Lorsque les cosses commencent à sortir, protégez la plate-bande avec des filets.

Récolter

Du début de l'été au milieu de l'automne. Ramassez tôt, car ils grossissent rapidement. Faites-le tous les 2 jours pour favoriser de nouvelles cosses.

Substrat : bien drainé et fertile
Exposition : ensoleillée et abritée
Récolte : cueillez régulièrement avant qu'ils soient coriaces

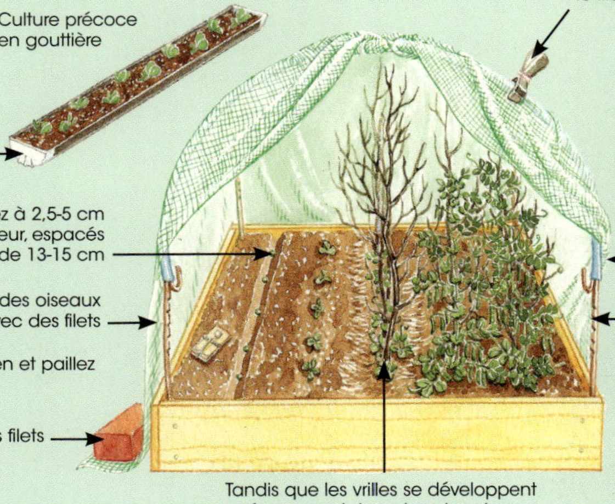

Problèmes et solutions

- **Aphidés (pucerons).** Dépôt grisâtre et gluant, sous les feuilles. Nettoyez à l'eau et au savon liquide, rincez à l'eau claire, puis raclez la surface souillée du substrat et brûlez.
- **Moisissure et mildiou.** Feuilles jaunies et/ou taches blanches, survenant généralement par beau temps. Vaporisez avec une bombe bio ; si cela n'a pas d'effet, récupérez ce que vous pouvez, puis brûlez tout le reste, et la prochaine fois, choisissez une variété résistante aux maladies.
- **Souris.** Semez dans des gouttières, puis protégez les jeunes plants pendant la croissance avec des filets, du voile, etc.
- **Noctuelle du pois.** Les petites larves sont à l'intérieur de la cosse. Consommez ce qui est intact et choisissez une variété différente et une autre plate-bande la prochaine fois.

Haricot vert

La saveur des haricots verts n'égale peut-être pas celle des haricots d'Espagne, mais ils présentent l'intérêt de pouvoir être plantés 2 ou 3 semaines avant. Et s'ils sont sous abri, vous pourrez profiter d'une première assiette de haricots verts dès le tout début de l'été.

SEMER — RÉCOLTER

milieu d'hiver	fin d'hiver	début de printemps	milieu de printemps	fin de printemps	début d'été	milieu d'été	fin d'été	début d'automne	milieu d'automne	fin d'automne	début d'hiver	milieu d'hiver	fin d'hiver	début de printemps	milieu de printemps	fin de printemps	début d'été	milieu d'été	fin d'été	début d'automne	milieu d'automne	fin d'automne	début d'hiver
				SEMER			RÉCOLTER																

Les haricots verts

- Les haricots verts apprécient les emplacements aérés, et certaines variétés développent même un mildiou de la feuille si elles sont trop protégées par un voile.
- Si vous avez peu d'espace, c'est un choix de légume très-judicieux.
- Il est possible d'allonger la saison de culture en plantant 2 semaines plus tôt, puis en protégeant les jeunes plants avec du voile d'hivernage et/ou du filet en plastique.

Support de culture

À peu près tous les sols sont capables de produire une récolte de haricots verts, mais une plate-bande généreusement paillée de fumier bien décomposé la saison précédente sera nettement plus productive. Disposez du calcaire sur la surface une semaine ou deux avant de semer les graines. Dès que les plants atteignent quelques centimètres de haut, étalez du fumier bien décomposé pour retenir l'humidité. Si vous les plantez très tôt, vous devrez les protéger des vents violents et des courants d'air. Tout comme les haricots d'Espagne, les haricots verts doivent être protégés du gel et des fortes pluies.

Semer

- **Milieu-fin du printemps pour une récolte précoce.** Préparez des trous profonds de 5 cm. Semez des graines dans toutes les directions, espacées de 15 cm, de façon à avoir 20 plantes sur 90 cm². Arrosez abondamment.
- **Fin du printemps-fin d'été pour une culture principale.** Semez comme ci-dessus.
- **Début-fin d'été.** Semez comme ci-dessus.
- Les cultures précoce et tardive ont besoin d'être protégées sous des cloches, des filets ou tout ce qui peut les abriter du vent et du gel.

Entretien de base

Lorsque les plantes sont hautes de quelques centimètres, recouvrez délicatement les tiges de substrat et, si le temps semble mauvais ou venteux, encerclez la plate-bande avec un filet. Une fois les plantes installées, paillez avec du vieux fumier ou du résidu de champignonnière pour réduire les mauvaises herbes et retenir l'humidité. Arrosez au niveau des racines, mais épargnez le feuillage. Tuteurez les variétés grimpantes. Si le vent menace, liez les haricots verts avec de la petite ficelle pour qu'ils se soutiennent mutuellement et installez un écran protecteur côté vents dominants.

Récolter

Commencez à cueillir à partir du milieu de l'été lorsque les cosses sont gonflées et fermes. Travaillez des deux mains, l'une soutient la tige tandis que l'autre cueille les cosses d'un mouvement tournant du poignet.

Substrat : moyen à léger
Exposition : aérée
Récolte : cueillez régulièrement avant qu'ils ne deviennent coriaces

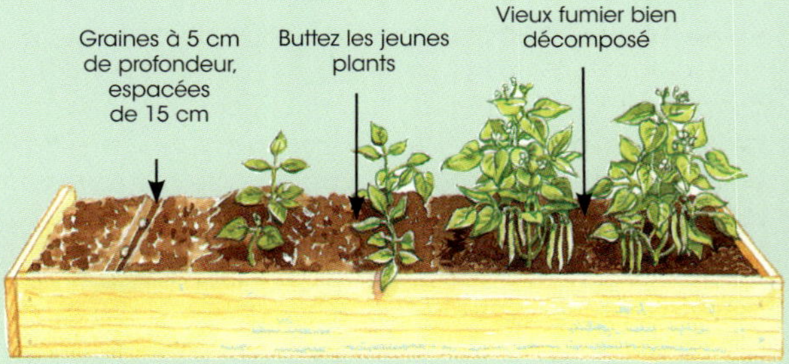

Problèmes et solutions

- **Mouche noire.** Taillez et jetez les parties très endommagées, et pulvérisez une solution d'eau savonneuse.
- **Tiges flétries.** Débarrassez-vous de vos plants et plantez-en de nouveaux.
- **Feuilles tachées de marron jaunâtre.** Sans doute la maladie du haricot vert. Débarrassez-vous des plantes affectées et évitez de planter des haricots verts à cet endroit pendant 2 ans.

Haricot d'Espagne

Le haricot d'Espagne est un légume merveilleux et très populaire. En outre, la plante est agréable à l'œil, très productive et la saison est longue. Un plat de haricots espagnols avec un filet d'huile d'olive et quelques gouttes de vinaigre est un vrai régal.

				SEMER				RÉCOLTER															
milieu d'hiver	fin d'hiver	début de printemps	milieu de printemps	fin de printemps	début d'été	milieu d'été	fin d'été	début d'automne	milieu d'automne	fin d'automne	début d'hiver	milieu d'hiver	fin d'hiver	début de printemps	milieu de printemps	fin de printemps	début d'été	milieu d'été	fin d'été	début d'automne	milieu d'automne	fin d'automne	début d'hiver

Les haricots espagnols

- Certains jardiniers choisissent de semer les graines directement dans un sol préparé, entre le printemps et le début de l'été. D'autres optent pour un début précoce et sèment sous verre, entre le milieu et la fin du printemps. D'autres encore font les deux.
- On les cultive aussi comme vivaces en les arrachant et en conservant les racines tubérisées en fin de saison pour les repiquer de nouveau à la saison suivante.
- Les supports, tuteurs torsadés, trépieds et autres, doivent être très solides et stables.

Support de culture

Si vous voulez une plante conséquente, chargez la plate-bande de fumier bien décomposé, de compost de jardin et de résidu de champignonnière. Si le terrain est exposé aux vents, installez les graines ou jeunes plants à 20 cm d'intervalle et fabriquez un trépied résistant pour les soutenir.

Semer

- **Tôt dans l'année.** Videz la plate-bande, remplissez-la de fumier et recouvrez de résidu de champignonnière quelques semaines avant de planter.
- **Milieu du printemps.** Faites pousser les jeunes plants sous verre et semez les graines, à 2,5 cm de profondeur, dans des pots remplis de compost (puis repiquez-les de la fin du printemps au début de l'été). Vous pouvez aussi semer des graines directement dans le sol. Dans tous les cas, espacez de 15 à 20 cm sur toute la plate-bande.

Substrat : très riche et fertile
Exposition : ouverte et ensoleillée
Récolte : cueillez régulièrement avant qu'ils ne deviennent coriaces

Entretien de base

Arrachez les grandes mauvaises herbes, binez délicatement le substrat pour l'ameublir et recouvrez de résidu de champignonnière. Par temps très sec, paillez l'ensemble de la plate-bande, à la paille ou au fumier bien décomposé, pour retenir l'humidité. Taillez l'extrémité de la plante lorsqu'elle atteint le haut des tuteurs.

Récolter

Récoltez du milieu de l'été au milieu de l'automne. Cueillez tous les jours plutôt qu'une fois par semaine. Si vous laissez les cosses pousser à maturité, les plantes stopperont leur production.

Problèmes et solutions

- **Insectes ravageurs.** Coupez et brûlez les parties affectées et nettoyez à l'eau et au savon liquide.
- **Feuilles tachées.** Arrachez et brûlez les plantes touchées et évitez de planter à cet endroit pendant 2 ans.
- **Traces de grignotage.** Ce sont des indices de la présence du charançon du haricot. Pour l'éviter, binez autour des jeunes plants de 2 ou 3 feuilles.
- **Souris.** Leur présence se manifeste par des traces de grignotage et du désordre. Utilisez des pièges.
- **Plantes flétries.** On parvient généralement à l'éviter simplement en arrosant abondamment à la floraison.

Fève

Les fèves se prêtent parfaitement à la culture de légumes en plate-bande surélevée : elles sont résistantes, poussent en cosses, ont une longue et abondante saison de production et, mieux encore, elles se conservent facilement par congélation ou séchage.

milieu d'hiver	fin d'hiver	début de printemps	milieu de printemps	fin de printemps	début d'été	milieu d'été	fin d'été	début d'automne	milieu d'automne	fin d'automne	début d'hiver	milieu d'hiver	fin d'hiver	début de printemps	milieu de printemps	fin de printemps	début d'été	milieu d'été	fin d'été	début d'automne	milieu d'automne	fin d'automne	début d'hiver
		SEMER	SEMER				RÉCOLTER			SEMER (culture d'hiver)							RÉCOLTER (culture d'hiver)						

Substrat précoce : riche et rétenteur d'humidité avec ajout de fumier bien décomposé
Substrat principal : moins de fumier, ajoutez du sable
Exposition : aérée
Récolte : cueillez lorsque les fèves sont formées dans la cosse

- Choisissez une situation ensoleillée et une plate-bande sans fèves l'année précédente.

Les fèves

- C'est l'un des plus vieux légumes consommés.
- Semez du milieu à la fin de l'automne la première année pour récolter l'été de la deuxième année, puis semez également de la fin de l'hiver jusqu'à la fin du printemps de la deuxième année, et vous mangerez des fèves tout l'été. Vous aurez même un surplus à congeler ou à sécher.
- Les plantes qui hivernent semblent plus résistantes aux mouches noires.

Support de culture

Un sol riche, profond, rétenteur d'humidité, enrichi de fumier bien décomposé est ce qui convient le mieux aux fèves. Choisissez une plate-bande surélevée dans un endroit plutôt léger et aéré. Augmentez-en la profondeur à 45 cm environ. Puis augmentez la quantité de fumier pour les fèves précoces et réduisez-la pour la culture principale en y ajoutant un peu de sable.

Semer

- **Fin de l'hiver-milieu du printemps.** Semez la culture principale dans un sol sablonneux. Préparez des trous faits au plantoir ou non, profonds de 7,5 cm, et semez les graines une à une, à 20 cm d'intervalle, dans toutes les directions. Arrosez.
- **Culture d'hiver.** Tout l'automne, semez une variété rustique comme ci-dessus.

Entretien de base

Lorsque les plants mesurent quelques centimètres, tassez du substrat autour des tiges et recouvrez l'ensemble de la plate-bande d'un paillage fin de fumier bien décomposé. Une fois les fleurs formées, taillez les pousses du haut pour favoriser le développement des cosses et écarter les mouches noires. Encerclez la plate-bande avec des piquets et de la ficelle afin de soutenir les plantes.

Récolter

Selon la variété et la période de semis, la récolte se fait entre le début de l'été et le milieu de l'automne. Lorsque les fèves sont fermes, cueillez les cosses d'un tour de poignet. La récolte terminée, coupez la plante à ras du sol et laissez les racines en place.

Problèmes et solutions

- **Dégâts du vent.** Attachez les plantes, individuellement ou en groupes, avec des piquets ou tuteurs et de la ficelle. Si le vent est violent, protégez-les avec des écrans en plastique, en grillage fin ou même en tiges de saule tressées.
- **Mouche noire.** Taillez et jetez les parties très endommagées ,et pulvérisez une solution d'eau savonneuse.
- **Traces de grignotage.** De telles traces sur le pourtour des feuilles sont le fait du charançon du haricot. Pulvérisez un mélange bio et binez le sol autour de la jeune plante.

Maïs doux

La culture de ce légume a longtemps été considérée comme étrange par beaucoup de jardiniers. Mais il est aujourd'hui fréquent de voir des champs de maïs destinés à la consommation humaine comme culture principale.

SEMER (fin de printemps) — RÉCOLTER (début d'automne)

milieu d'hiver	fin d'hiver	début de printemps	milieu de printemps	fin de printemps	début d'été	milieu d'été	fin d'été	début d'automne	milieu d'automne	fin d'automne	début d'hiver	milieu d'hiver	fin d'hiver	début de printemps	milieu de printemps	fin de printemps	début d'été	milieu d'été	fin d'été	début d'automne	milieu d'automne	fin d'automne	début d'hiver

Le maïs doux

- Le maïs doux convient très bien à un enfant qui fait ses débuts de jardinier.
- Il a besoin de 70 à 120 jours sans gelées après la plantation.
- Certaines variétés atteignent 1,50 à 1,80 m de haut

Support de culture

Le maïs doux se plaît dans un substrat bien préparé, travaillé en profondeur, bien drainé, léger à sablonneux, situé dans un lieu abrité et ensoleillé. Incorporez beaucoup de fumier et de compost l'automne ou, sinon, choisissez une plate-bande bien enrichie de fumier pour une précédente culture. Le maïs doux a besoin de beaucoup d'humidité, alors si le substrat se dessèche, détrempez-le, puis couvrez-le d'un paillage de vieux fumier bien décomposé.

Problèmes et solutions

- **Croissance altérée.** Probablement causée par l'oscinie de l'avoine. Les feuilles sont déformées, la croissance ralentie et des petites larves blanches apparaissent dans les pousses. Choisissez une variété et une plate-bande différentes la prochaine fois et cultivez à couvert le temps que la plante dépasse le stade des premières feuilles.
- **Excroissance semblable à des champignons.** Ces excroissances sont sans doute causées par une infection de charbon du maïs. Arrachez et brûlez dès les premiers signes. Cultivez une variété résistante dans une plate-bande différente.
- **Oiseaux et souris.** Protégez les épis dès qu'ils commencent à gonfler.

Semer

- **Milieu du printemps.** Semez une graine par pot de tourbe, à 2,5 cm de profondeur, placez sous verre ou sous plastique et arrosez généreusement. Ou bien semez directement dans la plate-bande avec 30 cm d'espacement, puis protégez avec du plastique transparent.
- **Fin du printemps-début de l'été.** Placez les plants quelques jours dehors pour les renforcer, dans un endroit abrité et ensoleillé, en les rentrant au coucher du soleil. Creusez des trous à intervalles de 30 cm et installez-y les pots de tourbe en arrosant en pluie fine.

Entretien de base

Binez pour ameublir le substrat et ramenez-le autour de la tige avec les doigts. Veillez à ne pas abîmer les tiges de la plante alors jeune et fragile. S'il fait sec, arrosez abondamment et couvrez le sol d'une grosse épaisseur de résidu de champignonnière. Protégez avec un filet

et ajoutez de l'eau lorsque les épis apparaissent. Tuteurez les plantes trop lourdes.

Récolter

Récoltez du milieu de l'été au milieu de l'automne, lorsque les épis affichent une barbichette de soies brun-noir. Vérifiez les grains avec l'ongle : s'il en sort un liquide laiteux, c'est le signe qu'ils sont prêts. Cueillez-les à la main d'un rapide mouvement de torsion. Faites-les cuire et mangez-les dans les 10 min après les avoir cueillis pour obtenir un goût, une consistance et une douceur optimales.

Substrat : fertile et bien drainé
Exposition : ensoleillée et abritée
Récolte : quand la barbe des épis est brune

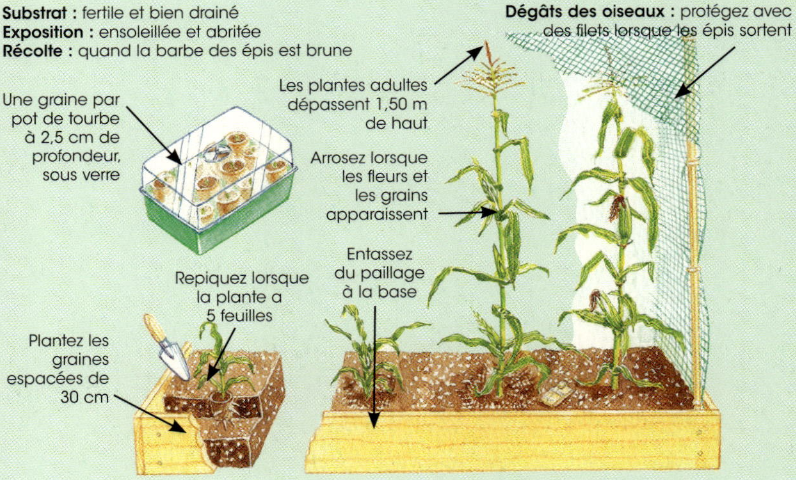

Oignon et échalote

Vous mangez des oignons tous les jours, revenus, dans la soupe, la salade, etc. ? Alors, pourquoi ne pas augmenter vos possibilités et cultiver toute une gamme d'oignons et d'échalotes ? Ils se conservent facilement.

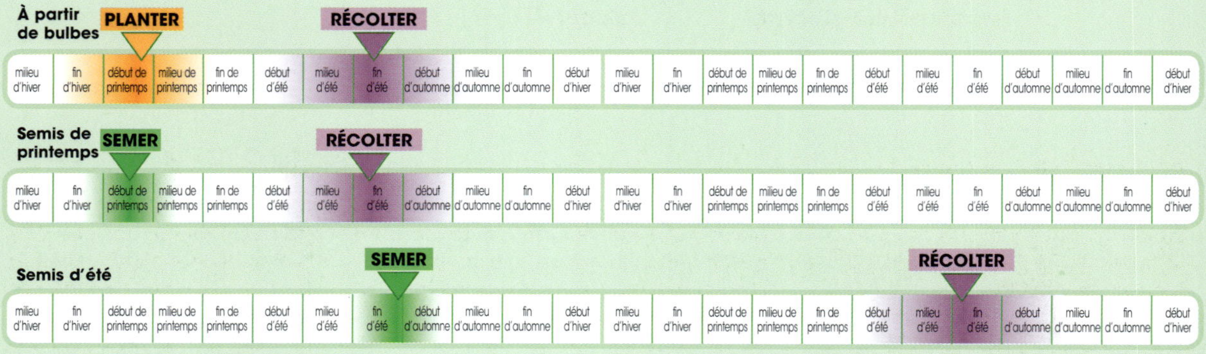

Oignons et échalotes

- Les oignons et les échalotes se cultivent à partir de graines ou de petits bulbes. Les bulbes sont parfois chers, les graines moins, mais nécessitent plus de temps.
- Les échalotes se plantent une à une. Plantées au printemps, elles produisent un bouquet de la taille de la main.

Support de culture

Un substrat profondément travaillé, riche en fumier, humide, bien drainé, meuble, fertile et sablonneux et une exposition ensoleillée sont ce qui convient le mieux aux oignons et échalotes.

Semer ou planter

- Semez ou plantez suivant le calendrier.
- Semez à 6 mm de profondeur dans des caisses à couvert, éclaircissez quand les plants peuvent être manipulés et, lorsqu'ils sont de la taille d'un crayon, repiquez-les dans des plates-bandes espacés de 7,5 à 10 cm.
- Creusez des trous de 2,5 cm de profondeur, taillez les racines à 2,5 cm, coupez le bout jauni des feuilles et glissez les plants dans les trous en arrosant.

Entretien de base

Binez le substrat pour l'ameublir. Lorsque le bulbe commence à gonfler et à être visible, retirez un peu de substrat de façon à ce qu'il repose sur la surface. N'arrosez pas, mais continuez à biner le sol.

Récolter

Ramassez selon vos besoins. Pour les aider à mûrir, lorsque la plante commence à faner, repliez le haut dessus. Quand elle commence à jaunir, sortez les oignons et les échalotes et faites-les sécher sur des filets.

Substrat : léger et bien drainé
Exposition : ensoleillée
Récolte : quand la plante commence à faner naturellement

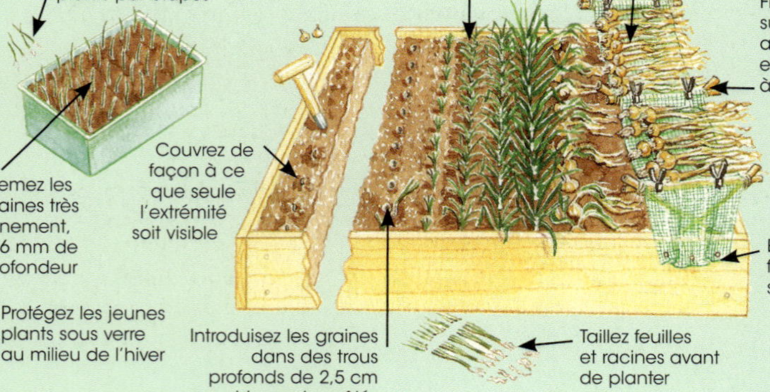

Problèmes et solutions

- **Feuilles jaunes flétries.** Sans doute causées par la mouche de l'oignon. S'il y a des larves dans les tiges et/ou le bulbe, arrachez et brûlez.
- **Feuilles vert foncé flétries.** Le substrat est trop riche en azote. La prochaine fois, employez du fumier très décomposé.
- **Taches brun-orangé.** Probablement provoquées par la rouille. Pulvérisez un mélange bio. Si cela ne produit pas d'effet, arrachez et brûlez les plantes. Plantez des variétés résistantes aux maladies la prochaine fois.

Poireau

Si vous voulez un légume au goût puissant, cultivez des poireaux. Appréciez-les tendres et crus, cuits en soupe ou à la vapeur, servis avec un filet d'huile d'olive et du pain frais par exemple. La plante supporte les climats difficiles, vents et pluie ou neige et fortes gelées.

SEMER — REPIQUER — RÉCOLTER

milieu d'hiver	fin d'hiver	début de printemps	milieu de printemps	fin de printemps	début d'été	milieu d'été	fin d'été	début d'automne	milieu d'automne	fin d'automne	début d'hiver	milieu d'hiver	fin d'hiver	début de printemps	milieu de printemps	fin de printemps	début d'été	milieu d'été	fin d'été	début d'automne	milieu d'automne	fin d'automne	début d'hiver

Le poireau

- Le poireau se cultive et s'entretient comme le céleri, il lui faut une longue saison.
- Dans le temps, les jardiniers pensaient que le poireau améliorait les sols lourds.
- Capable de supporter le gel, le poireau est un très bon choix pour l'hiver, lorsque les autres légumes se font rares.
- Il en existe plusieurs variétés, des petits et doux jusqu'aux grands et forts en goût. Choisissez-en soigneusement une qui convient à vos goûts et à votre situation géographique.
- Si vous vous y prenez bien, chaque poireau devrait peser 500 g, c'est-à-dire de quoi nourrir deux adultes affamés.

Support de culture

Le poireau peut se cultiver dans un lieu ouvert, sur à peu près n'importe quel sol, mais s'il doit être très productif, choisissez un substrat relativement profond, bien fourni en fumier et humide (le substrat dans la plate-bande est humide au toucher, mais le sol sous-jacent doit être bien drainé). Les besoins en drainage doivent être renforcés au risque de faire moisir le cœur.

Semer et repiquer

- **Début-fin du printemps (selon la variété).** Semez à 6 mm de profondeur dans des plateaux sous verre ou plastique. Espacez de 5 cm.
- **Milieu de l'été.** Faites des trous au plantoir, profonds de 15 cm, à intervalle de 15-20 cm, en un maillage de 25 à 30 plantes par plate-bande de 90 cm². Déposez un jeune plant dans chaque trou et remplissez délicatement d'eau.

Entretien de base

Binez le support de culture à la houe pour l'ameublir. Les trous finissent par se remplir de substrat meuble qui maintient les plantes et les blanchit. Lorsque les jeunes plants repiqués ont bien pris, entourez-les d'un matelas de paille hachée ou de vieux fumier bien décomposé. Prenez le temps chaque semaine de rabattre la terre sur les poireaux à l'aide de la houe. Répétez cette opération tout au long de la saison jusqu'à ce qu'ils soient quasiment entièrement recouverts. On peut aussi rehausser la plate-bande et la remplir de paillage de façon à ce que les tiges soient toujours couvertes. Arrosez souvent.

Récolter

Récoltez du début de l'automne à la fin du printemps ; le moment dépend de la variété choisie et des méthodes de culture. Aidez-vous d'une fourchette pour déraciner les poireaux.

Substrat : riche, humide et bien drainé
Exposition : ouverte
Récolte : à mesure des besoins

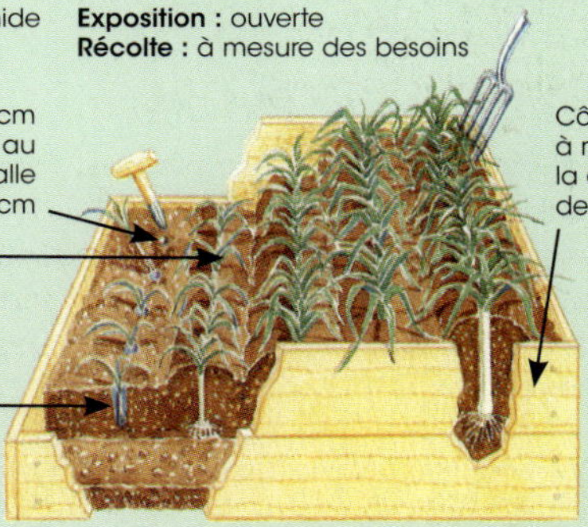

Problèmes et solutions

- **Feuilles jaunes flétries.** Sans doute causé par la mouche de l'oignon. Se manifeste par la présence de feuilles jaunes et de larves dans les tiges et les racines. Arrachez et brûlez les plantes très touchées.
- **Tiges ramollies.** Les plantes ont probablement besoin d'être davantage buttées.
- **Taches brun orangé.** Probablement provoquées par la rouille. Arrachez et brûlez les plantes touchées dès les premiers symptômes.
- **Feuilles vert foncé flétries.** Cela suggère un substrat trop riche en azote. La prochaine fois employez exclusivement du fumier très décomposé.

Ail

L'ail est délicieux dans la soupe ou les plats en sauce, revenu à la poêle, en salade ou encore finement haché sur une tartine de pain grillé avec de la bonne huile d'olive. Excellent pour la santé, l'ail cru est réputé pour chasser le rhume.

		PLANTER					RÉCOLTER																
milieu d'hiver	fin d'hiver	début de printemps	milieu de printemps	fin de printemps	début d'été	milieu d'été	fin d'été	début d'automne	milieu d'automne	fin d'automne	début d'hiver	milieu d'hiver	fin d'hiver	début de printemps	milieu de printemps	fin de printemps	début d'été	milieu d'été	fin d'été	début d'automne	milieu d'automne	fin d'automne	début d'hiver

L'ail

- L'ail se cultive comme les bulbes d'oignons, les têtes juste sous la surface. Il se plaît dans un substrat riche, humide mais bien drainé, et dans un emplacement chaud et ensoleillé.
- Malgré toutes les histoires populaires mystérieuses à son sujet, l'ail est en réalité très facile à cultiver.
- Il se conserve facilement. Il suffit d'attacher les têtes comme les oignons et de les conserver dans une pièce ou une remise sèche et fraîche.
- Prélevez quelques gousses de votre production pour les planter. Celles du commerce ne semblent pas prendre.

Support de culture

L'ail se plaît dans un substrat léger et riche en fumier bien décomposé qui a servi à une précédente culture. Veillez à choisir un terrain bien drainé et un emplacement chaud et ensoleillé, contre un mur bien exposé de la maison par exemple ou d'une remise.

Planter

- **Automne ou début du printemps.** Plantez une gousse unique à 10-15 cm de profondeur tous les 15-20 cm. Tassez le substrat sur les gousses et arrosez généreusement.
- Lorsque les pousses commencent à sortir, remontez délicatement le substrat autour, à l'aide des doigts, pour les protéger.

Substrat : riche, humide et bien drainé
Exposition : ensoleillée
Récolte : quand les feuilles jaunissent

Arrosez généreusement durant la saison de croissance sans noyer la plante

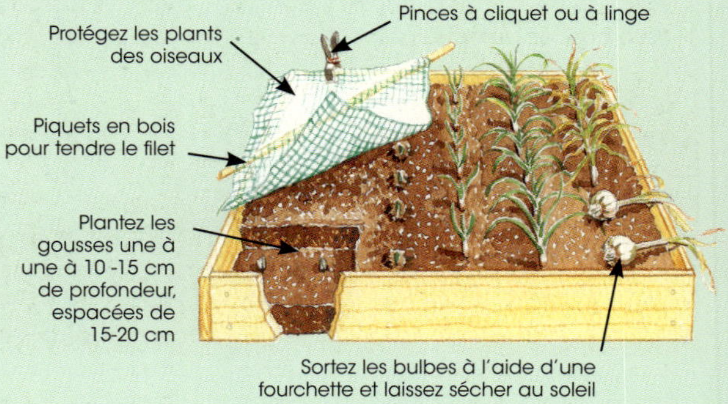

- Arrosez abondamment tout au long de la période de croissance, sans jamais noyer les pousses dans une flaque.

Entretien de base

Tous les jours ou presque, binez délicatement le substrat pour l'ameublir. Ajoutez éventuellement une fine couche de vieux fumier pour réduire les mauvaises herbes et arrosez légèrement. Attirés par les pousses, les oiseaux sont parfois capables d'arracher les petites gousses du sol. Protégez la plate-bande avec un filet pour les en dissuader.

Récolter

Lorsque l'ail est prêt à être récolté, parfois à la fin de l'été quand fane et meurt le feuillage vert, aidez-vous d'une petite fourchette pour le déterrer. Faites sécher et conservez dans un lieu frais et sec, comme les oignons.

Problèmes et solutions

- **Montée en graine prématurée.** Résultat de l'alternance de sécheresse et de trop d'humidité et/ou trop d'ombre. Arrosez peu et souvent, et choisissez des plates-bandes bien ensoleillées.
- **Oiseaux.** Ils peuvent être un véritable fléau lorsque les bourgeons verts sortent. Protégez avec des filets jusqu'à ce que la plante soit bien enracinée.
- **Pourriture blanche.** Une pourriture molle, blanche apparaît sur les bulbes. Brûlez les bulbes touchés et changez de plate-bande à la prochaine plantation.

Pomme de terre

La pomme de terre est un légume très populaire. Sur le plan économique, cela n'a pas d'intérêt de la cultiver, car elle est bon marché dans le commerce. Mais devant un plat de délicieuses pommes de terre nouvelles fumantes, servies avec une noix de beurre ou un filet d'huile d'olive, vous serez convaincu.

			PLANTER				RÉCOLTER																
milieu d'hiver	fin d'hiver	début de printemps	milieu de printemps	fin de printemps	début d'été	milieu d'été	fin d'été	début d'automne	milieu d'automne	fin d'automne	début d'hiver	milieu d'hiver	fin d'hiver	début de printemps	milieu de printemps	fin de printemps	début d'été	milieu d'été	fin d'été	début d'automne	milieu d'automne	fin d'automne	début d'hiver

La pomme de terre

- Elle contient beaucoup de vitamine C.
- Avec sa peau, elle est aussi riche en fibre que les céréales complètes.

Support de culture

Quasiment tous les types de sols conviennent à la pomme de terre, mais de la composition du substrat dépend sa qualité et son goût. Lourd et humide, il produira une pomme de terre farineuse et jaunâtre, tandis que sur un sol sec, moyennement sablonneux, elles seront légères. Le sol sous-jacent a son importance et une plate-bande mal drainée produira de bonnes pommes de terre les années sèches, mais si le temps est humide, la qualité de la récolte en pâtira. Ces tubercules apprécient particulièrement les sols de glaise ou de sable, bien drainés, abondamment paillés de fumier bien décomposé d'une culture précédente et les emplacements ouverts et ensoleillés.

Planter

- **Faites germer pour cultiver plus tôt.** À la fin de l'hiver, posez les tubercules, germes vers le haut, sur des plateaux dans une remise claire et aérée, le temps qu'elles produisent quelques pousses de 2,5 cm.
- **Plantez tôt.** Du début à la fin du printemps, creusez des trous de 15 cm de profondeur, espacés de 30 à 40 cm, soit 4 pieds par plate-bande de 90 cm². Plantez les tubercules, germes vers le haut, et recouvrez de substrat.
- **Plantez sous plastique.** Du début au milieu du printemps, disposez les tubercules prégermés à la surface du substrat, espacés de 30 à 40 cm, paillez avec du compost de jardin bien décomposé et recouvrez de plastique noir, coincé sur les côtés. Quand les pousses commencent à forcer sur le plastique, ouvrez-leur le passage grâce à une nouvelle fente.

Entretien de base

Dès que le feuillage apparaît, paillez avec du résidu de champignonnière bien décomposé. Répétez l'opération plusieurs fois, en laissant juste un peu de feuillage apparaître. Si le temps se met à geler, couvrez. S'il fait très chaud, binez la surface de la terre à la houe. Veillez aux limaces. S'il fait vraiment très sec, étalez du vieux fumier ou de la paille

hachée autour des plantes pour retenir l'humidité résiduelle.

Récolter

Récoltez du début de l'été au milieu de l'automne. Déterrez les variétés précoces lorsque les fleurs sont totalement épanouies ; sinon attendez que la plante aérienne soit fanée. Soulevez délicatement l'ensemble du pied en prenant appui, à l'aide d'une fourchette, sur la base de la motte. Laissez les pommes de terre à la surface jusqu'à ce que vous ayez fini, puis triez les bonnes et les endommagées. Déterrez de nouvelles pommes de terre suivant vos besoins.

Substrat : profond, fertile et bien drainé
Exposition : ouverte et ensoleillée

Récolte : variétés précoces = fleurs ouvertes, autres variétés = plante aérienne fanée

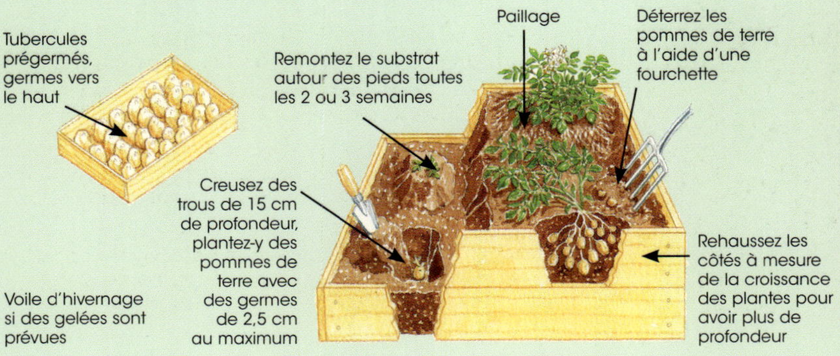

Problèmes et solutions

- **Taches brunes sur les feuilles.** Sans doute dues à la maladie de la pomme de terre. Arrachez et brûlez les pieds. Choisissez des tubercules résistants la prochaine fois et une autre plate-bande.
- **Pomme de terre ratatinée.** Symptomatique d'un manque d'eau et/ou d'une alternance récurrente de trop/pas assez d'eau.

Carotte

Relativement faciles à cultiver et véritable plaisir des yeux et de l'odorat, les carottes sont délicieuses crues ou cuites. De plus, la plupart des enfants en raffolent. Elles se conservent longtemps et il y en a du début du printemps au début de l'hiver.

milieu d'hiver	fin d'hiver	début de printemps	milieu de printemps	fin de printemps (SEMER)	début d'été	milieu d'été	fin d'été	début d'automne (RÉCOLTER)	milieu d'automne	fin d'automne	début d'hiver	milieu d'hiver	fin d'hiver	début de printemps	milieu de printemps	fin de printemps	début d'été	milieu d'été	fin d'été	début d'automne	milieu d'automne	fin d'automne	début d'hiver

Les carottes

- Les jeunes carottes sont très tendres et succulentes. À maturité, elles sont fortes en goût et bien croquantes.
- Si vous choisissez vos variétés judicieusement, et si vous les protégez des intempéries, vous pourrez en consommer quasiment toute l'année.
- Les variétés aux longues racines se cultivent dans une plate-bande profonde.

Support de culture

Les carottes apprécient un substrat meuble, bien drainé, légèrement sablonneux et exposé au soleil. Si vous choisissez des variétés à racines profondes, veillez à mettre une plus grande hauteur de fumier et à ce que toute la plate-bande soit bien meuble. Vous pouvez choisir un mélange lourd, riche en fumier d'une culture précédente. Un substrat caillouteux ou/et dur à cause d'un fumier trop frais produit des racines fourchues difficiles à préparer ou stoppe carrément leur croissance.

Semer

- **Début du printemps - début de l'été (selon la variété).** Semez des graines à 18 mm de profondeur, dans des trous faits au plantoir espacés de 13-15 cm, dans la largeur de la plate-bande. Semez finement, tassez le substrat et arrosez en pluie fine.
- Éclaircissez les jeunes plants de taille à être manipulés, en espaçant de 5 cm. Faites-le le soir et ramassez les déchets.
- En début et fin de saison, protégez les plantes sous cloche en verre, plastique ondulé ou en serre-tunnel.

Entretien de base

Protégez l'ensemble de la plate-bande avec un filet fin ou un écran en plastique. Binez tous les jours pour éliminer les mauvaises herbes et pour ameublir la surface du substrat. La terre meuble favorise la rétention d'humidité et empêche les racines de se diviser. Par temps très sec, arrosez et paillez davantage avec du résidu de champignonnière ou du compost de jardin.

Récolter

Si vous semez successivement plusieurs variétés et les protégez de paille hachée ou de vieux résidu de champignonnière, vous aurez des récoltes de la fin du printemps au début de l'hiver. Tirez les carottes à la main. Conservez les carottes dans des caisses de sable dans une remise à l'abri du gel.

Substrat : bien drainé, meuble et légèrement sablonneux
Exposition : ensoleillée
Récolte : tirez à la main en vous aidant d'une fourchette

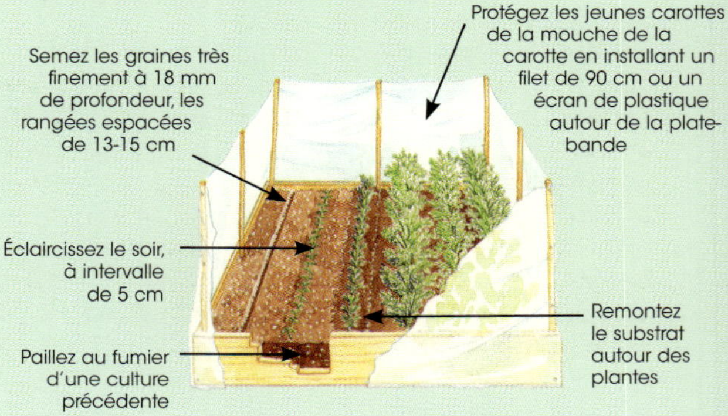

Problèmes et solutions

- **Galeries dans les racines.** Causées probablement par la mouche de la carotte. Cultiver des oignons à côté des carottes peut prévenir le problème ; installez un filet ou un écran en plastique haut de 90 cm.
- **Racines fourchues.** Généralement symptomatiques d'une alternance de trop d'humidité et de sécheresse. Paillez avec du vieux fumier pour retenir une humidité résiduelle.
- **Haut du tubercule vert.** Concerne généralement les carottes dont le haut de la racine dépasse du substrat. Il suffit de bien recouvrir le haut des tubercules.

Panais

Dans le passé, les bons vieux panais remplaçaient les pommes de terre. Ils ne sont pas aussi polyvalents, mais se cultivent sur n'importe quel sol fertile bien préparé, peuvent être laissés sur le sol tout l'hiver et, revenus dans l'huile ou le beurre, ils sont délicieux.

milieu d'hiver	fin d'hiver	début de printemps	milieu de printemps	fin de printemps	début d'été	milieu d'été	fin d'été	début d'automne	milieu d'automne	fin d'automne	début d'hiver	milieu d'hiver	fin d'hiver	début de printemps	milieu de printemps	fin de printemps	début d'été	milieu d'été	fin d'été	début d'automne	milieu d'automne	fin d'automne	début d'hiver
		SEMER									RÉCOLTER												

Le panais

- Il résiste à tout, sauf aux grosses gelées, et il est facile à cultiver.
- Les graines mettent beaucoup de temps à germer et produisent des jeunes plants minuscules. Soyez donc patient...
- Tirez le meilleur parti de votre espace en y associant une culture dérobée, comme la laitue ou les radis.
- Le panais est moins sujet aux maladies et aux ravageurs que la pomme de terre.
- Vous pouvez les laisser au sol tout l'hiver et les ramasser pour les manger plus tard entre le milieu de l'automne et le printemps suivant. Si le temps devient très froid, recouvrez la plate-bande d'un épais matelas de paille hachée.

Support de culture

Les panais profitent de n'importe quel support de culture bien préparé, meuble, fin, bien drainé et fertile. Choisissez une plate-bande profonde dans laquelle les racines seront bien verticales, sans renconter d'obstacle. Incorporez une bonne quantité de fumier de cheval bien décomposé dans une plate-bande dédiée aux panais ou bien choisissez celle d'une culture précédente qui avait été bien enrichie de fumier. Si vous les cultivez dans du fumier frais avec lequel les racines seront en contact, soyez prévenu qu'elles seront fourchues ou vermoulues.

Semer

- **Fin de l'hiver-milieu du printemps.** Semez une pincée de graines dans des trous de 12 mm, au plantoir, espacés de 13-15 cm en travers de la plate-bande. Tassez le substrat et arrosez généreusement en pluie fine. Attention à ne pas détremper la zone.
- Éclaircissez les jeunes plants de taille à être manipulés et conservez les plus robustes de chaque trou.

Entretien de base

Binez la surface du substrat pour l'ameublir ou retirez les mauvaises herbes à la main et couvrez le sol de résidu de champignonnière. Veillez à ne pas racler le haut des racines, car cela risquerait de les faire pourrir. Arrosez peu et souvent (la plate-bande ne doit jamais être détrempée). Si le temps devient glacial, recouvrez de paille hachée pour protéger des gelées.

Substrat : meuble, bien drainé et fertile
Exposition : ouverte et ensoleillée
Récolte : aidez-vous d'une fourchette pour ameublir la terre

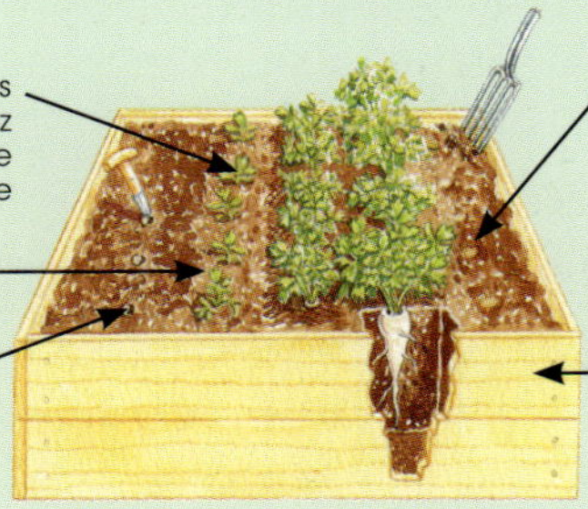

Problèmes et solutions

- **Chancre du panais.** Se manifeste par une pourriture brune sur le haut de la racine. Mêmes symptômes causés par des dégâts physiques à la racine. Protégez avec un filet et veillez à ne pas toucher les racines en binant.
- **Fumier frais.** Certains fournisseurs ne semblent pas comprendre ce que signifie «bien décomposé» et livrent du fumier trop frais. Si vous avez un doute, conservez votre livraison pour la saison suivante.
- **Racines fourchues.** Généralement causées par le contact avec du fumier frais et/ou beaucoup de cailloux. Retirez tous les cailloux et évitez le fumier frais.
- **Racines fissurées.** C'est généralement le résultat d'un arrosage irrégulier.

Récolter

La récolte se déroule du milieu de l'automne au début du printemps. Tous les hivers, sauf les plus froids et les plus humides, les panais peuvent rester au sol jusqu'à ce que vous en ayez besoin. Soulevez-les à l'aide d'une fourchette en prenant garde à ne pas casser la longue extrémité de la racine.

Betterave

Colorée, sucrée au goût, légèrement croquante et néanmoins juteuse, la betterave est agréable et facile à cultiver. Elle se marie fort bien avec les salades, mais elle est également très goûteuse en légume chaud. Vous la conserverez facilement dans un bocal avec du sucre et du vinaigre.

La betterave

- Nouvellement plantée, la betterave n'apprécie pas d'être dérangée ; prenez donc des précautions en désherbant, éclaircissant et paillant.
- Jeune, la betterave a du goût et de la texture. Dans l'idéal, on la ramasse jeune et tendre, et elle est meilleure mangée dans l'heure qui suit.
- Frottez et lavez soigneusement les racines avant de cuire la betterave, car sinon elle sera insipide et terreuse.

Support de culture

La betterave se plaît dans un mélange léger de fumier bien décomposé, de compost usagé et de sable. Elle apprécie un sol bien drainé et fertilisé de fumier ni trop frais, ni rance. Vous pouvez repiquer la betterave dans la plate-bande fertile, enrichie de fumier d'une culture précédente.

Semer

- **Début du printemps-début de l'été.** Semez une pincée de 3 ou 4 graines trempées à 2,5 cm de profondeur, espacées de 10 à 13 cm pour qu'il y ait 36 à 40 plantes par plate-bande de 90 cm². Tassez le substrat et arrosez généreusement.
- Éclaircissez soigneusement les jeunes plants de taille à être manipulés et gardez les plus résistants.
- Tassez le sol autour des plantes restantes et arrosez généreusement en pluie fine.

Entretien de base

Tendez de nombreux fils noirs au-dessus et autour de la plate-bande ou entourez-la d'un filet pour écarter les oiseaux. Binez délicatement la surface du substrat pour l'ameublir et éliminer les mauvaises herbes. Si le temps est trop sec, paillez avec du fumier décomposé pour retenir davantage l'humidité et arrosez fréquemment.

Récolter

La récolte se déroule de la fin du printemps jusqu'à la fin de l'automne, selon la variété et les méthodes de culture. Commencez en prélevant une jeune racine sur deux, vous les mangerez encore petites et tendres en salade, et laissez les autres grossir. Dégagez-les délicatement du substrat. Sortez-les en tirant sur les feuilles, à 5 cm de la racine, avec un mouvement tournant, et consommez cuit et frais ou bien conservez dans des caisses de sable.

Substrat : bien drainé, fertilisé au fumier bien décomposé
Exposition : ouverte et ensoleillée

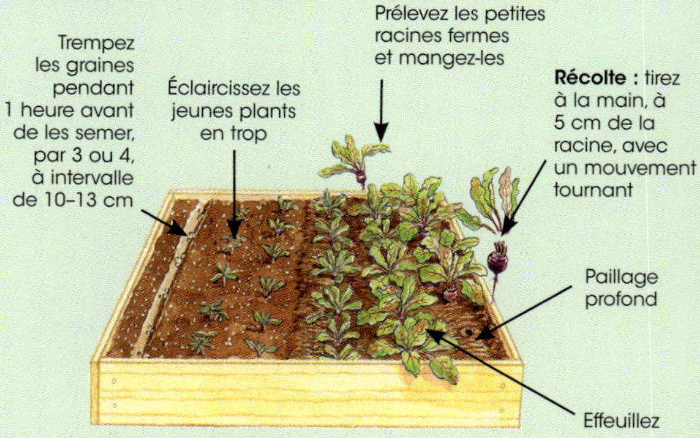

Problèmes et solutions

- **Racines fissurées.** Généralement dues à de longues périodes de sécheresse. Pour éviter ce problème, recouvrez le sol d'un épais paillage de vieux fumier.
- **Montée en graine prématurée.** Symptomatique d'un manque d'eau. Pour l'éviter, paillez au fumier ou à la paille hachée et arrosez généreusement.
- **Limaces.** Installez des barrières à limaces ou des pièges et/ou retirez-les à la main.

Rutabaga

Le rutabaga est facile à cultiver. Si les pommes de terre vous donnent du mal et que vous cherchez un légume nourrissant, c'est une bonne alternative. Une purée de rutabaga, surmontée d'un œuf au plat, avec du pain et du beurre, est délicieuse.

SEMER

RÉCOLTER

milieu d'hiver	fin d'hiver	début de printemps	milieu de printemps	fin de printemps	début d'été	milieu d'été	fin d'été	début d'automne	milieu d'automne	fin d'automne	début d'hiver	milieu d'hiver	fin d'hiver	début de printemps	milieu de printemps	fin de printemps	début d'été	milieu d'été	fin d'été	début d'automne	milieu d'automne	fin d'automne	début d'hiver

Le rutabaga

- Tous les rutabagas appartiennent à la famille des choux et sont touchés par les mêmes maladies et ravageurs.
- Nul besoin de cultiver des variétés géantes (sauf si vous élevez des chèvres…), les petites sont bien meilleures.
- Bien qu'on puisse les laisser au sol pendant l'hiver, aspect très pratique du légume, ils sont plus productifs s'ils sont protégés du gel par des épaisseurs de paille hachée.
- Si vous êtes végétarien, essayez-les à la vapeur, écrasés avec du beurre. Sinon mangez-les cuits à l'eau avec du rôti de porc.

Support de culture

Il faut un substrat sablonneux mais riche, une plate-bande qui retienne l'humidité, fertilisée au fumier bien décomposé et surmontée de sable. La priorité, c'est l'humidité, car si le sol s'assèche, la plante montera rapidement en graine et la racine ne gonflera pas. Il ne doit pour autant pas être trop imbibé d'eau stagnante. Ce légume apprécie les emplacements ouverts, mi-ombragés et abrités des vents dominants.

Semer

- **Milieu du printemps-début de l'été.** Semez des graines à 12 mm de profondeur, dans des trous faits au plantoir espacés de 23 cm. Semez une pincée de graines dans chaque trou, couvrez de substrat, tassez, puis arrosez généreusement.
- Éclaircissez les jeunes plants de taille à être manipulés et ne conservez que les plus robustes.
- Arrosez et tassez le substrat autour des plantes restantes, avec le bout des doigts.

Entretien de base

Binez la surface du substrat pour l'ameublir. Faites très attention à ne pas heurter les racines naissantes, car cela pourrait les faire pourrir. Arrosez peu et souvent pour éviter les problèmes liés à l'alternance sécheresse/humidité, comme les racines divisées.

Récolter

La récolte a lieu du début de l'automne au début de l'été. Prélevez les tubercules selon vos besoins. Par temps froid, recouvrez la plate-bande de paille hachée coiffée d'une feuille de plastique, protection imperméable à retirer rapidement pour aérer les plantes.

Substrat : léger et rétenteur d'humidité
Exposition : ouverte et mi-ombragée
Récolte : récoltez à mesure des besoins

Pousses de rutabaga : au milieu de l'hiver, conservez les caisses dans la semi-obscurité d'un appentis à l'abri des gelées

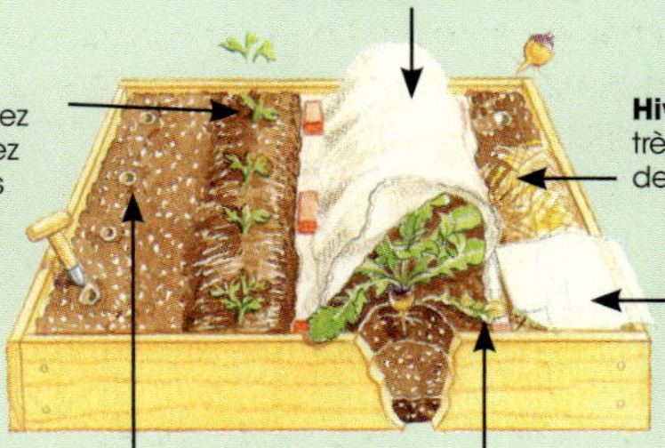

Protégez des papillons avec du filet horticole

Éclaircissez et conservez les plants les plus robustes

Hiver : par temps très froid, couvrez de paille

Couvrez de polyéthylène lors des épisodes hivernaux humides et froids

Semez une pincée de graines dans des trous de 12 mm espacés de 23 cm

Effeuillez

Problèmes et solutions

- **Limaces et escargots.** Leur présence se manifeste par des trous dans les feuilles et les racines. Ces ravageurs peuvent entraver la croissance des jeunes plants. Retirez-les à la main tous les jours.
- **Feuillage abondant, racines rachitiques.** Trop d'azote dans le support de culture. L'utilisation exclusive de fumier bien décomposé permet d'éviter le problème.
- **Piéride du chou.** Protégez les cultures contre ces papillons qui adorent les feuilles avec du filet horticole (comme pour les choux).

Navet

Oubliez tous vos mauvais souvenirs des navets de la cantine scolaire, car les variétés actuelles de petits navets bien fermes sont merveilleuses. Ils ont une chair lisse et blanche et, avec leur goût délicat, ils sont délicieux juste cuits à la vapeur ou dans les pot-au-feu.

Le navet

- Les petites variétés à croissance rapide sont semées en culture dérobée entre les rangées de légumes à croissance lente.
- Les variétés cultivées pour les fanes sont semées à la fin de l'été pour être consommées au début du printemps. Elles sont très goûteuses !
- Le navet appartient à la famille des choux et il est touché par les mêmes maladies et ravageurs.

Support de culture

Le navet, tout comme le rutabaga, se plaît dans un support de culture riche, léger, sablonneux, rétenteur d'humidité et enrichi de fumier décomposé. Si votre terrain est très sec, et/ou si vous oubliez d'arroser, il y a de forts risques que les racines dépérissent et que les plantes montent en graine et ne donnent rien. Évitez les plates-bandes qui semblent collantes et/ou imbibées d'eau stagnante. Une plate-bande ouverte, à la mi-ombre, bien abritée des vents dominants est ce qui convient le mieux au navet.

Semer

- Semez des graines à la fin de l'hiver jusqu'au début de l'été ou bien du milieu de l'été au début de l'automne selon la variété. Semez une pincée de graines dans des trous faits au plantoir, profonds de 12 mm et espacés de 15-20 cm, et recouvrez. Tassez et arrosez généreusement.
- Éclaircissez les jeunes plants de taille à être manipulés et conservez les plus robustes. Arrosez avant et après avoir éclairci. Tassez le substrat autour des plantes avec les mains.

Entretien de base

Brassez la surface du substrat avec les doigts pour l'ameublir. Prenez garde à ne pas endommager le haut des racines de navet, car cela risquerait de les faire pourrir. Arrosez peu et souvent. S'il fait très sec, imbibez lentement et longuement la plate-bande, et paillez abondamment avec du résidu de champignonnière.

Récolter

La récolte du navet se déroule, selon les variétés, du milieu de l'automne au début de l'hiver et celle des fanes du début au milieu du printemps. Prélevez les racines selon vos besoins. Les navets sont meilleurs jeunes, petits et fermes.

Substrat : léger et rétenteur d'humidité
Exposition : ouverte et mi-ombragée
Récolte : ramassez-les petits et fermes

Variétés d'hiver : cueillez les jeunes fanes au début de l'été pour les manger en légumes verts

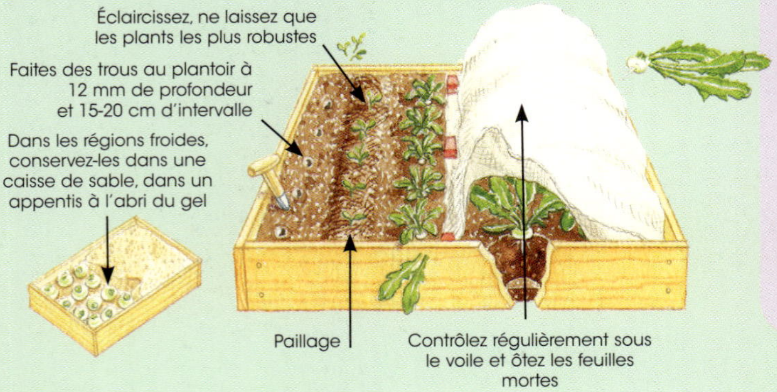

Problèmes et solutions

- **Limaces et escargots.** Les feuilles sont trouées et les racines endommagées. En trop grande quantité, ces ravageurs peuvent entraver la croissance des jeunes plantes. Retirez-les à la main tous les jours.
- **Taches et pourriture brunes sur le haut de la racine.** Elles sont causées par des meurtrissures et/ou au contact du fumier frais. Employez exclusivement du fumier bien décomposé et prenez garde à ne pas érafler ou griffer les racines.
- **Racines déformées.** Sans doute dues à la hernie du chou. Arrachez et brûlez les plantes touchées.

Radis

Le radis convient bien comme culture dérobée ou associée. Dispersez les graines autour de vos légumes à développement plus lent tels les laitues, panais, choux et choux-fleurs, arrosez tous les jours et attendez quelques semaines pour croquer un radis bien frais avec du pain et du beurre salé.

			SEMER						RÉCOLTER														
milieu d'hiver	fin d'hiver	début de printemps	milieu de printemps	fin de printemps	début d'été	milieu d'été	fin d'été	début d'automne	milieu d'automne	fin d'automne	début d'hiver	milieu d'hiver	fin d'hiver	début de printemps	milieu de printemps	fin de printemps	début d'été	milieu d'été	fin d'été	début d'automne	milieu d'automne	fin d'automne	début d'hiver

Le radis

- Le nom scientifique du radis, *Raphanus*, vient du grec *raphanos* qui signifie « arrive rapidement ».
- Il se cultive facilement toute l'année.
- Le secret pour obtenir un beau radis bien rond est de choisir la bonne variété, correspondant à la saison et à l'emplacement, et de semer les graines finement dans un sol riche, rétenteur d'humidité.
- Les radis ne doivent jamais manquer d'eau, il leur en faut beaucoup et souvent. Récoltez dès qu'ils sont prêts, avant qu'ils ne soient vieux et filandreux.
- Les enfants aiment s'en occuper parce qu'ils poussent vite.

Support de culture

Les radis se plaisent dans un substrat riche, humide et fertile, et dans une situation ensoleillée et ouverte. Dans l'idéal, la plate-bande doit être poreuse, facile à travailler et enrichie du vieux fumier d'une culture précédente. Si la plate-bande est trop riche, vous obtiendrez certainement une petite plante bien feuillue, mais une racine coriace et piquante, belle sans doute à l'œil mais immangeable. Tassez bien le substrat, avant et après les semis, afin que la racine grossisse.

Semer

- **Milieu de l'hiver-fin de l'été.** Semez des graines toutes les semaines, dans des trous faits au plantoir profonds de 12 mm, à intervalle de 10-15 cm. Tassez le substrat et arrosez abondamment.
- Éclaircissez les jeunes plants de taille à être manipulés et conservez les plus robustes espacés de 2,5 cm. Arrosez généreusement avant et après avoir éclairci.

Entretien de base

Binez le support de culture à l'extrémité de chaque rangée pour l'ameublir. Arrosez peu et souvent pour éviter les problèmes d'alternance de trop d'humidité/sécheresse responsables des racines fourchues. Si le temps devient sec, dispersez, avec les doigts, une légère couche de vieux fumier autour des plantes.

Récolter

La récolte se déroule du milieu du printemps à la fin de l'hiver. La durée dépend des variétés et des méthodes de culture. Ramassez les radis petits, jeunes et fermes, et mangez-les rapidement.

Substrat : humide et fertile
Exposition : ouverte et ensoleillée
Récolte : ramassez-les à la main

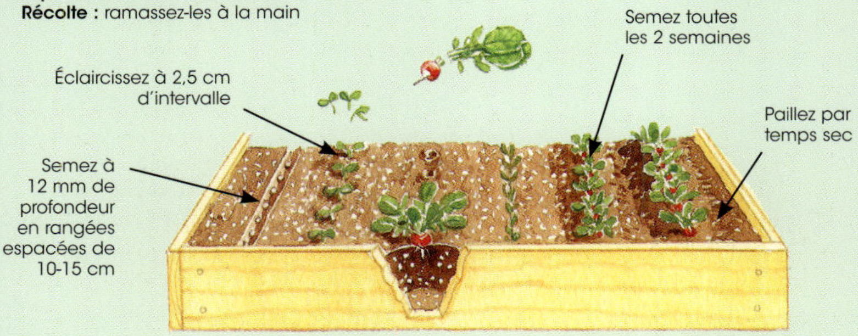

Problèmes et solutions

- **Limaces et escargots.** Se manifestent par des trous gluants sur les feuilles et les racines. Récoltez régulièrement et retirez ces ravageurs tous les jours à la main.
- **Feuillage abondant, racines rachitiques.** Sans doute causés par un excès d'azote dans le fumier frais. Utilisez exclusivement du fumier bien décomposé.

Topinambour

Le topinambour est très facile à cultiver. Il produit un feuillage volumineux, de grandes fleurs jaunes comme des pâquerettes et des tubercules noueux semblables à la pomme de terre. Quant au goût, il s'approche de celui de la noisette avec une pointe d'artichaut.

PLANTER (fin d'hiver – milieu de printemps) RÉCOLTER (milieu d'automne – fin d'automne)

milieu d'hiver	fin d'hiver	début de printemps	milieu de printemps	fin de printemps	début d'été	milieu d'été	fin d'été	début d'automne	milieu d'automne	fin d'automne	début d'hiver	milieu d'hiver	fin d'hiver	début de printemps	milieu de printemps	fin de printemps	début d'été	milieu d'été	fin d'été	début d'automne	milieu d'automne	fin d'automne	début d'hiver

Le topinambour

- On le cultive comme les pommes de terre.
- Il est parfois indigeste et provoque de l'aérophagie.
- « Topinambour » est une francisation du nom d'une tribu du Brésil, les Tupinambas. Le nom anglais « artichaut de Jérusalem », est une déformation du mot italien girasole qui signifie «tournesol».
- Étudiez bien l'emplacement des topinambours, car une plante saine atteint 3 m de haut ou davantage (Peut-être faut-il un brise-vent ? La plante ne va-t-elle pas faire trop d'ombre ?).
- Si tout se passe bien, chaque tubercule de la taille d'un œuf vous donnera une production de 1 à 1,5 kg.
- Si vous les cultivez comme plantes vivaces, choisissez et prélevez les meilleurs tubercules, puis paillez régulièrement avec du fumier bien décomposé.

Support de culture

Cultivé en plate-bande comme les pommes de terre, le topinambour se plaît dans un substrat sec, riche et fertilisé du fumier d'une culture précédente. Préparez la plate-bande avec du fumier de ferme et refaites un même paillage au printemps et à l'automne.

Planter

- **Fin de l'hiver-milieu du printemps.** Plantez les tubercules à une profondeur de 15 cm, à intervalle de 25 cm, soit 9 à 11 plantes pour 90 cm².
- Tassez bien les plantes, arrosez tous les jours jusqu'à ce qu'elles soient bien installées.

Entretien de base

Il est bon de butter les plantes lorsqu'elles atteignent 30 cm. Fabriquez un support avec des piquets, un cadre ou une barrière pour les y faire grimper. Le plus simple est un trépied de piquets et de fil de fer, comme pour les haricots d'Espagne et les framboisiers. Lorsque les plantes sont hautes de 60 à 90 cm, ajoutez du vieux compost et binez de façon à ce que les tubercules soient recouverts d'un bourrelet de 15 cm.

Récolter

Récoltez à partir du milieu de l'automne lorsque les fleurs et le feuillage commencent à brunir et à faner. Coupez à 30 cm du sol, protégez de paille hachée et ramassez les tubercules au fil de vos besoins. À la fin, récoltez tous les tubercules et réservez-en quelques-uns pour la prochaine plantation.

Substrat : riche et bien drainé
Exposition : chaude
Récolte : ramassez au fil des besoins

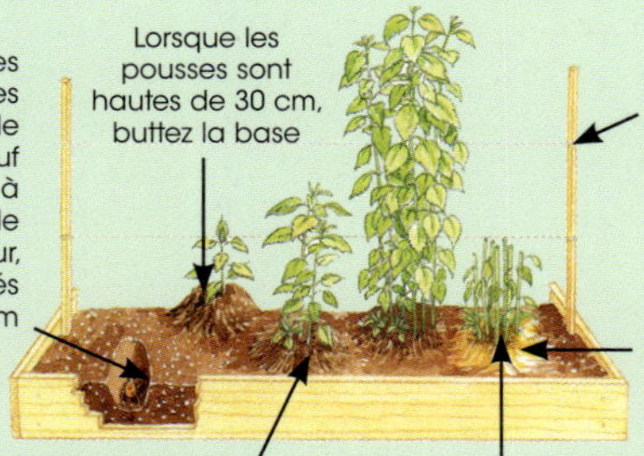

Problèmes et solutions

- **Limaces.** Capables de véritablement ravager vos tubercules. Installez des barrières ou des pièges à limaces et/ou retirez-les à la main.
- **Tubercules problématiques.** Lorsque vous les ramassez, n'oubliez pas le moindre petit tubercule, car il pourrait germer et devenir une mauvaise herbe.

Céleri-rave

Le céleri-rave est apparenté au céleri branche, mais il est cultivé pour son tubercule semblable au navet, alors que l'autre l'est pour ses branches et son cœur croquants. Plus facile à cultiver que son cousin à branches, le céleri-rave est délicieux en soupe ou en rémoulade.

		SEMER		REPIQUER							RÉCOLTER												
milieu d'hiver	fin d'hiver	début de printemps	milieu de printemps	fin de printemps	début d'été	milieu d'été	fin d'été	début d'automne	milieu d'automne	fin d'automne	début d'hiver	milieu d'hiver	fin d'hiver	début de printemps	milieu de printemps	fin de printemps	début d'été	milieu d'été	fin d'été	début d'automne	milieu d'automne	fin d'automne	début d'hiver

Le céleri-rave

- Légume relativement facile à cultiver, à condition d'être semé sous verre, soigneusement acclimaté dans la plate-bande et bien arrosé.
- Le céleri et céleri-rave appartiennent à la même famille botanique, mais ne sont pas issus de la même plante.

Support de culture

Cultivé sur le plat et sans besoin d'être butté ou blanchi, le céleri-rave est bien pus facile à cultiver que le cèleri branche. Un substrat enrichi de fumier bien décomposé, étalé en couches épaisses l'hiver précédent, est ce qui lui convient le mieux. Il apprécie une plate-bande ensoleillée mais abritée, où il peut passer sans interruption sa longue période de croissance. Veillez à bien arroser la plante lors de la formation de la racine et, en période de sécheresse, apportez-lui autant d'eau que possible. Le manque d'eau pourrait entraîner le pourrissement et la dégénérescence de la racine, tout au moins arrêter sa croissance.

Semer et repiquer

- **Début-milieu du printemps.** Semez des graines à 12 mm de profondeur, sous verre, dans des plateaux de semis préparés. Ils lèvent très lentement. Repiquez les jeunes plants de taille à être manipulés dans des pots de tourbe.
- **Fin du printemps-début de l'été.** Repiquez 12 à 16 plants, espacés de 25 cm, dans une plate-bande de 90 cm^2. Installez-les aussi peu profond que possible dans un creux comme une soucoupe.
- Taillez les feuilles après la plantation.

Entretien de base

Arrosez les plantes tous les jours. Binez la surface du substrat pour l'ameublir et éliminer les mauvaises herbes et les ravageurs. Retirez les vieilles feuilles ainsi que les pousses et racines anarchiques, et maintenez la surface bien nette. Ne laissez jamais le sol se dessécher.

Récolter

Si votre site est bien drainé et protégé avec de la paille et du voile d'hivernage, vous pouvez laisser la plante par terre et récolter de la fin de l'automne au début du printemps. Si la plate-bande est très humide, ramassez les racines et conservez-les dans un appentis à l'abri du gel.

Substrat : riche, bien paillé de fumier et humide
Exposition : ensoleillée et abritée
Récolte : ramassez et retirez les feuilles

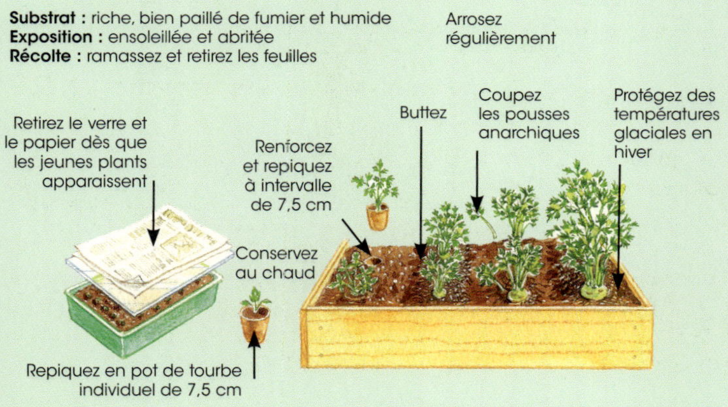

Problèmes et solutions

- **Tunnels couleur rouille.** Sans doute causés par la mouche de la carotte. Essayez de l'écarter en cultivant des oignons le long des céleris.
- **Racines fissurées.** Très certainement dues à une alternance de trop de sécheresse et de trop d'humidité. Paillez avec du vieux fumier qui retiendra l'humidité pour éviter le problème.
- **Limaces.** Installez des barrières ou des pièges à limaces et/ou retirez-les à la main.

Tomate

Certains jardiniers débutants s'imaginent que les tomates ne se cultivent qu'en serre. Or, il existe beaucoup de variétés de plein air. Cueillies directement sur le pied, elles sont merveilleusement goûteuses et juteuses. Avec les vertes, on fait des confitures et des chutneys.

		SEMER		REPIQUER			RÉCOLTER																
milieu d'hiver	fin d'hiver	début de printemps	milieu de printemps	fin de printemps	début d'été	milieu d'été	fin d'été	début d'automne	milieu d'automne	fin d'automne	début d'hiver	milieu d'hiver	fin d'hiver	début de printemps	milieu de printemps	fin de printemps	début d'été	milieu d'été	fin d'été	début d'automne	milieu d'automne	fin d'automne	début d'hiver

La tomate

- La tomate d'extérieur produit plus que celles cultivées sous verre, elle est aussi plus saine, vigoureuse et savoureuse. La peau est souvent plus dure.
- Les tomates en grappe sont plus faciles à cultiver.
- Les tomates aiment la chaleur sèche et beaucoup d'arrosage. L'emplacement idéal est en plein soleil, avec quelques plages ombragées.
- Les tomates n'apprécient pas les courants d'air, l'arrosage irrégulier et l'eau stagnante.

Support de culture

Les tomates s'adaptent à quasiment toutes les plates-bandes, à condition que le substrat soit assez profond, riche en fumier, de consistance compacte, bien drainé et situé dans un endroit ensoleillé et abrité.

Semer et repiquer

- **Début-milieu du printemps.** Semez les graines dans un plateau de compost de rempotage humide et protégez sous du verre recouvert de journal. Maintenez à la chaleur.
- **Milieu-fin du printemps.** Repiquez les plants dans des pots de tourbe de 7,5 cm. Arrosez et maintenez-les à la chaleur.
- **Fin du printemps-début de l'été (après les dernières gelées).** Installez les pots de tourbe dans une plate-bande abritée, espacés de 45 cm, arrosez et protégez avec une cloche. Ne plantez pas à proximité des pommes de terre.

Entretien de base

Tuteurez les pieds de tomates avec des attaches lâches. Retirez les drageons. Étêtez la plante lorsqu'elle en est à 5-6 tiges. Lorsque le fruit commence à mûrir, paillez avec du fumier bien décomposé recouvert de paille. Maintenez les arrosages sur les racines et effectuez des pincements réguliers.

Récolter

Récoltez du milieu de l'été au milieu de l'automne. La période précise dépend de la variété. Lorsque la première fournée de fruits commence à mûrir, retirez le feuillage, jusqu'à la première feuille au-dessus des fruits en question. Cueillez lorsqu'ils sont fermes et colorés.

Problèmes et solutions

- **Feuilles décolorées.** Peut-être dues au manque d'eau, à un virus ou même au mildiou. Si, au bout d'un jour ou deux d'arrosage, le feuillage est enroulé et légèrement taché, vous saurez qu'il s'agit du mildiou ou d'un virus. Arrachez le feuillage contaminé et aspergez la plante d'une solution bio anti-mildiou. Si ce n'est pas efficace, attendez que mûrissent les derniers fruits, arrachez et brûlez les pieds infectés. La prochaine fois, choisissez des variétés résistantes aux virus et changez de plate-bande.
- **Moisissure.** Arrachez le pied et brûlez-le. Ne cultivez pas de pommes de terre à cet emplacement. Changez de plate-bande.

Substrat : riche et bien drainé
Exposition : ensoleillée et abritée
Récolte : cueillez, avec la queue, à mesure qu'elles mûrissent

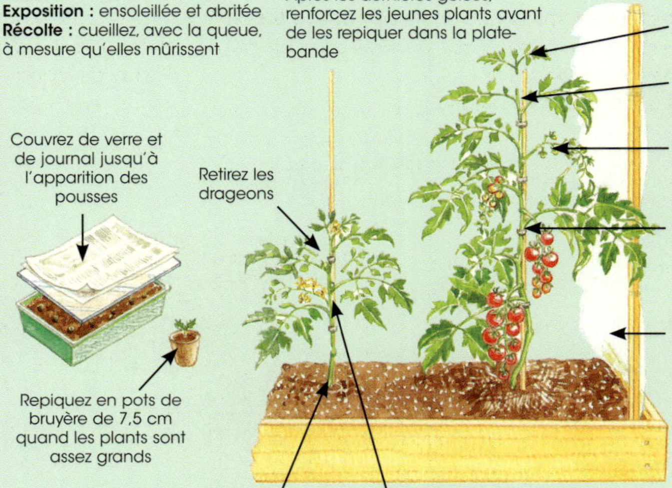

Courge et courgette

La culture des courges et courgettes est simple. Cultivées dans les recoins, sur le tas de compost ou de fumier, elles transforment même les immondices en un tableau magnifique. Elles ont des formes et une rapidité de croissance étonnantes, sont extraordinairement bonnes et se congèlent bien.

milieu d'hiver	fin d'hiver	début de printemps	milieu de printemps	fin de printemps	début d'été	milieu d'été	fin d'été	début d'automne	milieu d'automne	fin d'automne	début d'hiver	milieu d'hiver	fin d'hiver	début de printemps	milieu de printemps	fin de printemps	début d'été	milieu d'été	fin d'été	début d'automne	milieu d'automne	fin d'automne	début d'hiver
			SEMER	REPIQUER			RÉCOLTER																

Les courges et les courgettes

- Les courgettes sont plus faciles à cultiver.
- La courge se cuit à la vapeur, farcie, revenue à la poêle et en purée.
- Revenues à la poêle avec de l'huile et des oignons, les courgettes sont un délice.
- Les courgettes jaune d'or, très esthétiques, ont une saveur très fine.

Support de culture

Un substrat travaillé en profondeur, riche en fumier, humide et bien drainé est ce qui convient le mieux. Elles se plaisent beaucoup sur un tas de compost, alors choisissez cette option ou remplissez une plate-bande de compost de jardin, de fumier bien décomposé et de résidu de champignonnière.

Semer et repiquer

- **Milieu-fin du printemps.** Semez 2 graines à 18 mm de profondeur dans des pots de tourbe, sous verre ou plastique. Éclaircissez les plants, conservez les plus vigoureux.
- **Fin du printemps-début de l'été.** Lorsque des poils apparaissent sur les tiges, creusez des trous profonds et larges de 30 cm et prévoyez une plante par 90 cm^2. Remplissez de fumier bien décomposé, en finissant par un monticule aplani et une dernière couche fine de compost. Installez-y le plant avec son pot de tourbe. Si le substrat déborde, rehaussez la plate-bande pour augmenter la profondeur.

Entretien de base

Binez la surface du substrat pour l'ameublir. Une fois les jeunes plants renforcés et installés, étalez une nouvelle couche de vieux fumier pour conserver l'humidité. Lorsque les plantes occupent toute la plate-bande, étêtez chaque tige principale pour qu'elles se ramifient. Continuez à arroser et à pailler tout au long de la saison ; paillez avec de l'herbe tondue, du vieux fumier ou tout ce qui favorise la rétention d'eau et le grossissement du légume.

Récolter

Récoltez du milieu de l'été au milieu de l'automne. Ramassez des courgettes tous les 2 ou 3 jours. Consommez ce dont vous avez besoin et faites revenir le reste dans l'huile d'olive avec de l'ail et des tomates pour congeler. Ramassez les courges selon vos besoins. À la fin de la saison, conservez-les dans des filets suspendus dans un abri hors gel.

Substrat : riche en fumier, bien drainé
Exposition : ensoleillée et abritée
Courgettes : coupez au couteau quand elles font 10 cm de long
Courges : récoltez 7-8 semaines après la plantation

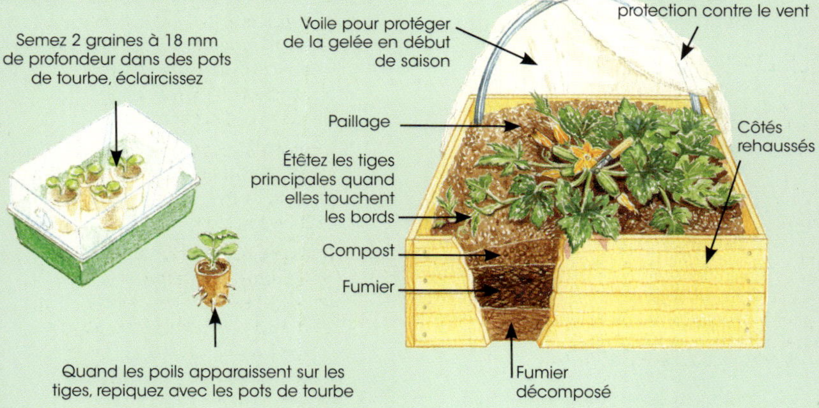

Problèmes et solutions

- **Limaces et escargots.** Les dégâts commencent sur le feuillage jeune et les fruits frais. Ne repiquez pas les plants tant qu'ils n'ont pas 2 bonnes feuilles et des poils sur la tige. Jetez systématiquement les vieilles feuilles et déchets, et retirez ces ravageurs tous les jours à la main.
- **Feuilles tachetées.** Possible symptôme du virus de la mosaïque. Vaporisez avec une solution à l'eau savonneuse pour éliminer les aphidés (pucerons), raclez 2,5 cm de surface du substrat pour le débarrasser des saletés et brûlez. La prochaine fois, choisissez une variété résistante et une plate-bande différente.

Concombre

La culture des concombres en plein air est étonnamment facile, surtout si vous les protégez avec un écran. Si vous aimez un goût fort et une consistance bien ferme, et si cela ne vous dérange pas qu'ils soient petits, alors ces variétés sont pour vous !

Extérieur — SEMER : fin de printemps · REPIQUER : début d'été · RÉCOLTER : fin d'été – début d'automne

milieu d'hiver	fin d'hiver	début de printemps	milieu de printemps	fin de printemps	début d'été	milieu d'été	fin d'été	début d'automne	milieu d'automne	fin d'automne	début d'hiver	milieu d'hiver	fin d'hiver	début de printemps	milieu de printemps	fin de printemps	début d'été	milieu d'été	fin d'été	début d'automne	milieu d'automne	fin d'automne	début d'hiver

Intérieur — SEMER : milieu de printemps · REPIQUER : fin de printemps · RÉCOLTER : milieu d'été – début d'automne

milieu d'hiver	fin d'hiver	début de printemps	milieu de printemps	fin de printemps	début d'été	milieu d'été	fin d'été	début d'automne	milieu d'automne	fin d'automne	début d'hiver	milieu d'hiver	fin d'hiver	début de printemps	milieu de printemps	fin de printemps	début d'été	milieu d'été	fin d'été	début d'automne	milieu d'automne	fin d'automne	début d'hiver

Le concombre

- Le plus facile est d'installer les concombres dans une plate-bande à proximité d'un écran en verre.
- Choisissez une variété convenant à l'extérieur, tel le concombre épineux.
- Si vous souhaitez une récolte réellement précoce, transformez une plate-bande en aire de forçage grâce à un important apport de fumier d'écurie frais.

Substrat : enrichi de fumier et bien drainé
Exposition : plein soleil, abritée
Récolte : avec un couteau tranchant

Support de culture

Le substrat doit être lisse, d'une bonne profondeur, bien enrichi de fumier et humide. Pour l'obtenir, fabriquez une ou plusieurs plates-bandes très profondes, soit 45 cm, et remplissez-les au quart de fumier de cheval frais, surmonté de compost et/ou de fumier bien décomposé. Choisissez un emplacement en plein soleil et abrité du vent ; installez un écran en plastique du côté venté. Donnez une forme arrondie au support de culture.

Semer et repiquer

- **Fin du printemps.** Semez des graines des variétés extérieures à 18 mm de profondeur, directement dans des pots de tourbe de 7,5 cm et couvrez de verre.
- Dès que les jeunes plants ont 2 feuilles, transférez-les dans la plate-bande.
- Couvrez le substrat avec une cloche. Arrosez tous les jours.

Entretien de base

Si vous avez une plate-bande de forçage, juste avant de repiquer, vérifiez que la température n'y est pas trop élevée. Sortez rapidement les plants munis de 5-6 feuilles. Arrosez tous les jours. Lorsque les petits concombres commencent à apparaître, paillez généreusement avec du fumier bien décomposé et continuez à arroser copieusement.

Récolter

Récoltez les variétés d'extérieur du début de l'été jusqu'au début de l'automne, selon les variétés. Soulagez le poids du fruit d'une main et coupez avec un couteau tranchant de l'autre. Prélevez des concombres tous les 2 jours et ôtez les feuilles jaunes, les fruits gâtés et les déchets divers.

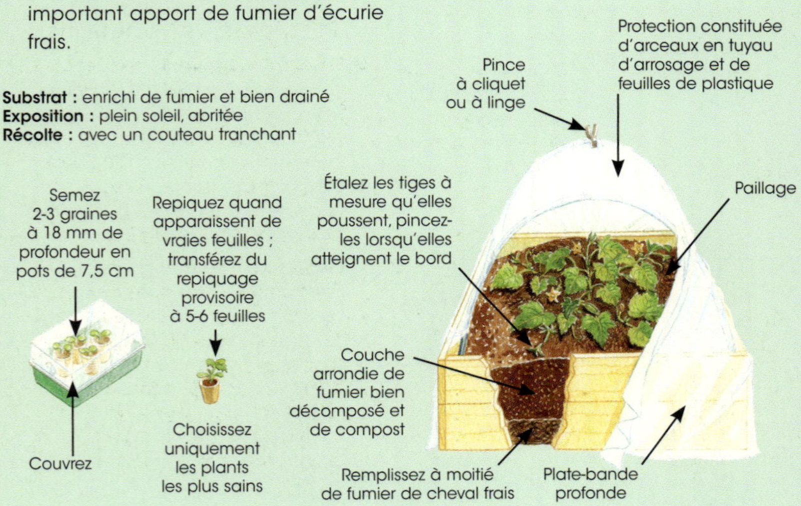

Problèmes et solutions

- **Fruit racorni.** Retirez les fruits endommagés, et si vous pensez que le manque d'eau en est responsable, augmentez la fréquence de l'arrosage.
- **Limaces et escargots.** Trainées de dégâts et trous dans les feuilles et les fruits. Retirez les ravageurs tous les jours à la main.
- **Fruit amer.** Causé par les courants d'air, l'humidité et le froid. Arrosez deux fois par jour et entourez la plante d'un écran de plastique ou de voile.

Aubergine

Si vous repérez une plate-bande abritée et en plein soleil, si vous êtes prêt à fabriquer des écrans en plastique transparent pour tirer le meilleur parti du soleil et des filets contre les vents violents, et si vous aimez cultiver des tomates, cultivez donc des aubergines !

		SEMER	REPIQUER	REPIQUER			RÉCOLTER	RÉCOLTER															
milieu d'hiver	fin d'hiver	début de printemps	milieu de printemps	fin de printemps	début d'été	milieu d'été	fin d'été	début d'automne	milieu d'automne	fin d'automne	début d'hiver	milieu d'hiver	fin d'hiver	début de printemps	milieu de printemps	fin de printemps	début d'été	milieu d'été	fin d'été	début d'automne	milieu d'automne	fin d'automne	début d'hiver

L'aubergine

- Mis à part son besoin considérable en eau, elle est étonnamment facile à entretenir.
- Elle est cultivée à partir de graines comme la tomate, le concombre et le poivron.
- Elle peut pousser en plein air, dans un coin abrité du jardin, à condition d'être protégée par des écrans en plastique, pour tirer le meilleur parti du soleil, en filet ou en bois tressé pour protéger des vents violents.

Support de culture

L'aubergine apprécie un substrat riche, humide, bien drainé, situé dans un endroit ensoleillé et abrité. Cultivez-la dans une plate-bande tapissée d'un mélange de compost de ferme bien décomposé, de résidu de champignonnière et de terreau de feuilles en abondance. Ne dépassez pas 4 pieds par plate-bande de 90 cm^2. Fabriquez un écran en plastique côté vent.

Semer et repiquer

- **Début du printemps.** Semez les graines à 12 mm de profondeur sur un lit de compost de rempotage humide dans des plateaux de semis, protégés de verre recouvert de papier journal. Maintenez à la chaleur et arrosez régulièrement.
- **Milieu-fin du printemps.** Éclaircissez les plants de taille à être manipulés et repiquez-les dans des pots de tourbe de 7,5 cm. Arrosez et maintenez à la chaleur.
- **Milieu-fin du printemps.** Installez les pots de tourbe dans la plate-bande, arrosez abondamment et protégez avec un écran en filet ou en plastique.

Entretien de base

Quand la plante atteint 30 cm, pincez l'extrémité pour favoriser le développement des tiges et soutenez avec un tuteur. Ne laissez que les 6 meilleurs fruits et prenez la précaution de retirer les fleurs. Aspergez d'eau pour décourager les aphidés. Paillez avec du fumier bien décomposé et retirez progressivement les vieilles feuilles.

Récolter

Vous pouvez récolter entre le début de l'été et le milieu de l'automne. Lorsque les fruits sont longs de 15-23 cm et agréablement renflés, coupez-les avec un couteau tranchant.

Substrat : riche, humide et bien drainé
Exposition : abritée et ensoleillée, contre un mur
Récolte : coupez au couteau tranchant

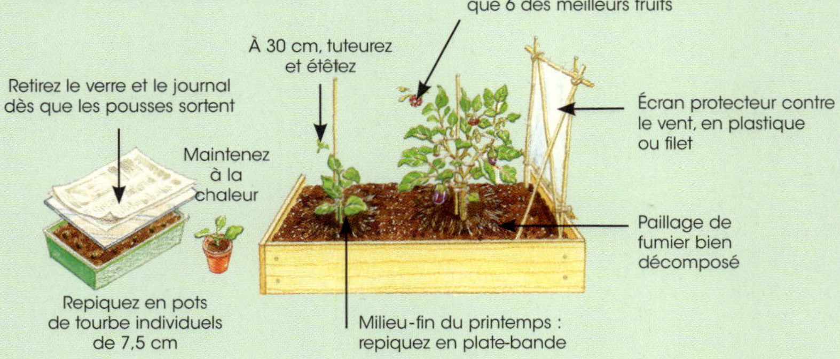

Problèmes et solutions

- **Insectes ravageurs.** Pulvérisez les insectes avec une solution à l'eau savonneuse, puis lavez les feuilles à l'eau claire. Retirez les plus gros à la main.
- **Fruit divisé.** Évitez le problème en entourant les plantes d'un paillage de fumier bien décomposé et arrosez tous les jours.

Poivron

Le poivron se cultive comme la tomate et l'aubergine. Il lui faut des conditions relativement douces et abritées, mais il est plus facile à cultiver que la tomate. Si vous aimez la salade, les légumes revenus à la poêle et les légumes farcis, cultivez donc des poivrons.

SEMER — REPIQUER — RÉCOLTER

milieu d'hiver	fin d'hiver	début de printemps	milieu de printemps	fin de printemps	début d'été	milieu d'été	fin d'été	début d'automne	milieu d'automne	fin d'automne	début d'hiver	milieu d'hiver	fin d'hiver	début de printemps	milieu de printemps	fin de printemps	début d'été	milieu d'été	fin d'été	début d'automne	milieu d'automne	fin d'automne	début d'hiver

Le poivron

- Généralement présenté et vendu comme légume de serre, le poivron, avec un peu de soin, se cultive aussi en plein air, dans un endroit bien abrité du jardin, contre le mur de la maison par exemple ou une clôture.
- Des écrans protecteurs et/ou des serres seront peut-être nécessaires contre les vents violents.
- Vous pouvez semer directement dans des pots de tourbe, sous verre ou plastique. Vous repiquerez ensuite les plants dans les plates-bandes.
- Si la météo prévoit du mauvais temps, installez un trépied de bambou et de plastique transparent ou d'emballage à bulles, au-dessus de la plante.

Support de culture

Les poivrons se plaisent dans une jardinière bien drainée et enrichie de fumier, située dans un endroit ensoleillé et abrité, plus encore si elle est particulièrement surélevée et entourée d'un écran en plastique brise-vent. Si ce n'est pas possible, plantez-les dans des bacs provisoires, en sac en plastique, à l'abri d'une serre-tunnel ou autre protection en verre ou en plastique. Si vous n'avez d'autre choix que de les mettre directement en plein air, veillez à ce qu'ils soient exposés au soleil, contre une clôture ou le mur d'une remise, côté ensoleillé, par exemple. Pendant la saison hivernale, nourrissez avec autant de fumier que possible et recouvrez d'un paillage de vieux compost.

Semer et repiquer

- **Fin de l'hiver - début du printemps.** Semez les graines à 18 mm de profondeur, dans des plateaux sur un lit de compost de rempotage humide et protégez d'une plaque de verre et de journal. Conservez à la chaleur.
- **Milieu - fin du printemps.** Repiquez les jeunes plants dans des petits pots de tourbe. Arrosez et conservez à la chaleur.
- **Vers le début de l'été.** Repiquez à l'extérieur quand les plants sont assez résistants. Insérez les pots de tourbe directement dans le substrat, espacés de 30-45 cm, et pensez à bien protégez avec une cloche ou un abri en plastique.

Entretien de base

Arrosez avant et après la transplantation et ensuite tous les jours. Binez régulièrement la surface du substrat pour l'ameublir et éliminer les mauvaises herbes et les ravageurs. Soutenez les pieds avec des tuteurs de bambou et des attaches. Une fois les plantes bien installées, paillez d'une couche de vieux fumier ou de paille pour retenir l'humidité.

Récolter

La récolte se déroule entre le milieu de l'été et le milieu de l'automne. La date précise dépend de la variété et de votre préférence pour les poivrons jeunes et verts ou bien mûrs et rouges. Utilisez un couteau bien tranchant pour couper les poivrons.

Substrat : bien enrichi de fumier et bien drainé
Exposition : à l'abri d'un mur ensoleillé et chaud
Récolte : coupez avec un couteau tranchant

Problèmes et solutions

- **Feuilles enroulées.** La plante souffre du froid. Paillez davantage autour du pied avec de la paille hachée ou du carton récupéré et protégez la jardinière avec une plaque ou un écran.
- **Moisissure.** Sans doute le fait de maladies virales qui profitent de l'humidité et du froid. Retirez les feuilles et les fruits abîmés. Nettoyez la plante à l'eau savonneuse, puis ratissez et retirez 2,5 cm sur la surface du substrat. Si le problème persiste, pulvérisez avec une solution bio antifongique.

Aromates

Le jardinage surélevé convient parfaitement aux aromates. N'est-il pas idéal de pouvoir regrouper tous les ingrédients pour cuisiner un plat et d'avoir à portée de main des aromates frais qu'il suffit de cueillir ?

Se lancer

Pour se lancer dans la culture des aromates dans un potager surélevé, il vaut mieux commencer par les plus familiers, comme la menthe, le persil, la ciboulette et la sauge. Vous aurez bien le temps, plus tard, de vous intéresser aux plus originaux. Il est plus facile d'y consacrer une petite jardinière, car cela permet de façonner le substrat (doser la quantité de compost et de fumier) selon les besoins particuliers de chaque aromate et de contrôler les tendances invasives des plantes, de la menthe par exemple.

Aromates

- **Aneth.** Plante annuelle rustique composée de tiges surmontées de feuilles filiformes vert bleuté. Haut de 60-90 cm, il prospère dans un substrat bien drainé, modérément fertile, situé dans un endroit abrité et ensoleillé. Les feuilles fraîchement ramassées parfument agréablement les pommes de terre nouvelles et le poisson blanc.
- **Bourrache officinale.** Plante annuelle, rustique, aux feuilles ovales, légèrement velues. Elle atteint les 90 cm de haut et se plaît dans un substrat bien drainé, qui retient l'humidité, situé en plein soleil. La feuille parfume les boissons fraîches ou les salades.
- **Cerfeuil.** Plante bisannuelle généralement cultivée comme annuelle. Ses feuilles vert vif ressemblent à des frondes de fougère, un peu comme le persil. Haut de 45 cm, il se plaît dans un substrat riche, modérément humide et dans un endroit ensoleillé. La saveur délicatement anisée de la feuille se marie bien avec les salades et les sandwichs, ainsi qu'avec le poisson et les œufs.
- **Ciboulette.** Plante rustique, basse, qui pousse en touffes de tiges tubulaires, à l'inflorescence en boule rose clair. Elle préfère un substrat dense, dans un endroit abrité et ensoleillé, et un arrosage fréquent. Le goût d'oignon très caractéristique des tiges hachées s'assortit bien avec les salades et les omelettes.
- **Fenouil.** Herbacée vivace rustique avec de hautes tiges, des feuilles vertes très découpées et une inflorescence jaune. Haut de 1,50 m-1,80 m, il se plaît dans un substrat humide, bien drainé, modérément fertile, au soleil et à l'abri. Le goût des feuilles se marie bien avec le poisson et les salades, tandis que les graines parfument et donnent de la saveur aux gâteaux, pain et soupes.
- **Laurier.** Arbuste à feuillage persistant vert foncé, aux feuilles aromatiques. Il atteint, au mieux, 1,80 m-3,50 m. Il apprécie un substrat bien drainé, rétenteur d'humidité, dans un endroit ensoleillé. La feuille donne du goût aux pot-au-feu et autres potées.
- **Menthe.** La menthe commune est une herbacée vivace aux feuilles vertes. Haute de 60 cm, elle se plaît dans un substrat rétenteur d'humidité, fertile, dans un endroit chaud et abrité. Les feuilles sont parfaites en infusion ou dans le thé à la menthe. Vous pouvez aussi les mettre dans du vinaigre, hachées et mélangées avec du sucre, pour confectionner la sauce à la menthe des Anglais, à manger avec le rosbif.
- **Persil frisé.** Bisannuelle rustique, souvent cultivée comme annuelle, avec des feuilles vertes frisées, bien serrées. Il préfère un substrat rétenteur d'humidité, fertile, en plein soleil ou dans un coin ombragé. Les feuilles sont fréquemment utilisées dans les sauces et en garniture.
- **Romarin.** Buisson à feuillage persistant vert moyen à foncé, avec de fines feuilles aromatiques à épines, qui pousse à peu près n'importe où. Les feuilles parfument délicieusement les recettes de poisson et de viande ou la tarte aux abricots.
- **Sauge.** Buisson persistant rustique aux longues feuilles gris-vert. Il se plaît dans un substrat fertile situé dans un endroit chaud et abrité. Les feuilles sont très utilisées dans une vaste gamme de recettes, notamment avec le porc et la volaille, mais également pour relever des plats de légumes.
- **Thym.** Buisson nain rustique et persistant, aux minuscules feuilles aromatiques. Un substrat léger, bien drainé et un endroit ensoleillé et aéré sont ce qui lui convient le mieux. La saveur de ses feuilles s'accorde avec les grillades et le goût prononcé du porc et du lièvre.

Si vous manquez de place, faites pousser les aromates beaux et savoureux partout, entre deux plantations, au milieu des fleurs et des buissons.

Fraise

Avec 20 pieds de fraises, vous en récolterez tous les jours de la saison, et suffisamment pour couvrir les besoins de la famille, en donner aux voisins et amis, et faire de la confiture. Les fraises bien rouges, juteuses, sont un régal incomparable, surtout cueillies et mangées dans la foulée.

PLANTER - Variétés à racines nues (en pot, peu importe quand) — **RÉCOLTER** — **TAILLER**

milieu d'hiver	fin d'hiver	début de printemps	milieu de printemps	fin de printemps	début d'été	milieu d'été	fin d'été	début d'automne	milieu d'automne	fin d'automne	début d'hiver	milieu d'hiver	fin d'hiver	début de printemps	milieu de printemps	fin de printemps	début d'été	milieu d'été	fin d'été	début d'automne	milieu d'automne	fin d'automne	début d'hiver

La fraise

- Les fraises se répartissent en variétés précoces, de demi-saison et tardives.
- Cultivées « en masse », soit 4 pieds pour 90 cm², elles sont plus productives.
- Vous pouvez en planter l'été, au milieu de l'automne jusqu'au début de l'hiver et au printemps. On ne décrit ici que la plantation d'été, mais les principes restent valables pour toutes les saisons.
- La fraise se multiplie facilement en introduisant ses stolons, 3 de chaque plant, dans des pots ou dans le substrat.

Support de culture

Un support enrichi de fumier bien décomposé, dans un coin ensoleillé et protégé contre le vent est ce qui convient le mieux aux fraises.

Planter (en été)

- Remplissez la plate-bande de fumier bien décomposé et/ou de compost de jardin.
- **Du milieu de l'été au début de l'automne,** creusez des trous peu profonds pour étaler les racines des fraisiers à racines nues, 4 pour 90 cm².
- Installez-y les plants en arrosant abondamment et en étalant les racines sur toute leur longueur. Recouvrez-les de fumier bien décomposé et de terre meuble, puis remontez légèrement le plant pour que la base des feuilles soit juste au-dessus du substrat.

Entretien de base

Lorsque les fruits commencent à se former, continuez à arroser et remettez une épaisse couche de paille fraîche autour des fraisiers. Enfoncez des arceaux en fil de fer souple et tendez un filet pour écarter les oiseaux.

Récolter

Ramassez à mesure qu'elles mûrissent, dès qu'elles sont uniformément colorées. Cueillez-les tôt le matin avec la queue et la tige. Mangez-les, ou faites-les cuire, le jour même.

Substrat : fertile et bien drainé
Exposition : ensoleillée
Récolte : fraise uniformément colorée, avec queue et tige

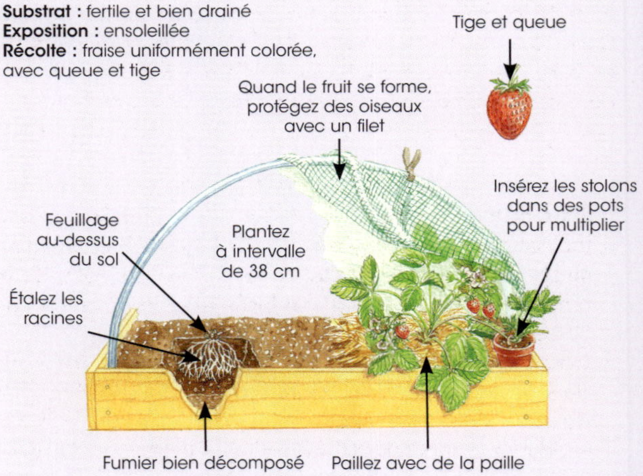

Problèmes et solutions

- **Limaces et escargots.** Feuilles et fruits troués et déchiquetés. Retirez à la main.
- **Moisissures et mildiou.** Feuillage abîmé et moisi, et fruits tombant prématurément. Retirez les déchets, puis aspergez avec une solution antimoisissure bio. Une fois la récolte terminée, coupez le feuillage, regroupez toute la paille et les déchets, et brûlez. Cela réduit le risque de maladie. La prochaine fois, choisissez une variété résistante et une autre jardinière, en plein soleil, dans un coin bien ventilé.
- **Fleurs noircies.** Sans doute dues au gel et au vent ; couvrez avec du voile d'hivernage fin si une période de mauvais temps est prévue, et arrosez le sol plutôt que la plante.

Framboise

Les framboises et ses hybrides proches, la mûroise par exemple, sont adaptés aux jardins surélevés de taille moyenne. Choisissez une variété appropriée (récolte d'été ou d'automne, vigoureuse, pas trop grande, qui produit beaucoup et résiste aux maladies).

(En pot, peu importe quand) **PLANTER - Variétés à racines nues** **TAILLER** **RÉCOLTER** **TAILLER**

										PLANTER ▼		TAILLER ▼								RÉCOLTER ▼		TAILLER ▼	
milieu d'hiver	fin d'hiver	début de printemps	milieu de printemps	fin de printemps	début d'été	milieu d'été	fin d'été	début d'automne	milieu d'automne	fin d'automne	début d'hiver	milieu d'hiver	fin d'hiver	début de printemps	milieu de printemps	fin de printemps	début d'été	milieu d'été	fin d'été	début d'automne	milieu d'automne	fin d'automne	début d'hiver

La framboise

- Le framboisier est un buisson rustique, à feuillage caduc, de la famille des rosiers.
- Il existe deux sortes de framboisiers : ceux qui ont des fruits en été et ceux qui produisent en automne.
- Les baies délicates se mangent crues ou bien cuites le jour même de la cueillette.

Support de culture

Les deux sortes de framboisiers, d'été ou d'automne, ont globalement les mêmes besoins : une plate-bande bien drainée avec du fumier bien décomposé en abondance, dans un endroit ensoleillé à l'abri des courants d'air et de l'ombre. Celles d'automne ont besoin d'un peu plus de soleil, d'air et d'abri. Le meilleur choix pour un jardin surélevé, c'est de transformer quelques jardinières contiguës en une seule, longue et étroite, de 90 cm de large sur 1,80 m - 3,50 m de long.

Planter

- **Fin d'automne-début de l'hiver.** Pour les framboisiers à racines nues, creusez un sillon de 30 cm de profondeur et 45 cm de large et de la longueur de votre choix. Remplissez à moitié de fumier bien décomposé et installez-y les framboisiers espacés de 38 cm.
- Comblez le sillon d'un mélange de compost de jardin et de vieux fumier, et tassez bien. Coupez les tiges à 30 cm du sol.
- Fabriquez une palissade le long de la jardinière, équipée de fils de fer horizontaux à 60 cm, 90 cm et 1,50 m du sol.

Entretien de base

- **Variétés d'été.** Au printemps, quand les nouvelles pousses commencent à croître, coupez les vieux rameaux ligneux à ras du sol. Palissez les nouvelles tiges sur les supports. Après la récolte, vous les couperez à ras du sol et en fixerez de nouvelles.
- **Variétés d'automne.** Après la fin de la récolte, coupez tous les rameaux à ras du sol.

Récolter

Cueillez les framboises par un jour de soleil, dès qu'elles sont uniformément colorées. Coupez-les avec la queue ou bien détachez-les. Retirez les déchets, regroupez-les et brûlez-les.

Problèmes et solutions

- **Aphidés-feuilles enroulées.** Se manifeste par le bord des feuilles enroulées, les fruits qui tombent prématurément et le pied qui s'affaiblit dans son ensemble. Pulvérisez avec une solution bio, lavez à l'eau claire et nettoyez la surface du substrat. À la fin de la saison, aspergez les tiges d'insecticide biologique et brûlez tout.
- **Fruits véreux.** Sans doute causés par le coléoptère de la framboise qui se nourrit des fleurs et pond ses œufs. Ses larves attaquent les fruits. Pour l'éviter, brûlez les vieux rameaux immédiatement après les avoir coupés et, plus généralement, nettoyez et aspergez tout d'insecticide biologique en fin de saison.

Mûre

Les mûres sont très faciles à cultiver et très productives – un pied de mûre produit 4,5 à 11 kg de baies – mais elles demandent beaucoup d'espace. On les consomme fraîches ou bien dans des desserts, en confiture, jus ou sauce. On en fait aussi un très bon sirop contre la toux.

(En pot, peu importe quand) **PLANTER - À racines nues** (fin d'automne – début d'hiver) **TAILLER** (fin d'hiver) **RÉCOLTER** (fin d'été)

milieu d'hiver	fin d'hiver	début de printemps	milieu de printemps	fin de printemps	début d'été	milieu d'été	fin d'été	début d'automne	milieu d'automne	fin d'automne	début d'hiver	milieu d'hiver	fin d'hiver	début de printemps	milieu de printemps	fin de printemps	début d'été	milieu d'été	fin d'été	début d'automne	milieu d'automne	fin d'automne	début d'hiver

La mûre

- La plupart des gens savent reconnaître les mûres. Dans plusieurs pays d'Europe, leur cueillette est même une activité traditionnelle qui évoque de beaux souvenirs d'enfance.
- Il existe des variétés petites adaptées aux petits jardins.
- On peut les cultiver à peu près n'importe où, à condition qu'il y ait beaucoup de soleil et de l'air sec.

Support de culture

Les mûres se sentent bien dans n'importe quel substrat, à condition qu'il soit assez riche en fumier, d'une bonne profondeur et ne contienne pas d'eau stagnante. Dans un jardin surélevé, plantez chaque pied seul afin qu'il puisse bénéficier d'un maximum de soleil.

Planter

- De la fin de l'automne au début de l'hiver pour les tiges à racines nues, à n'importe quel moment pour les variétés en godets, creusez un trou, profond de 23 cm et large de 60 cm. Étalez 10 cm de fumier bien décomposé au fond du trou et disposez les tiges dessus, racines tout juste recouvertes. Tapissez le trou de fumier bien décomposé et recouvrez de résidu de champignonnière compact et de compost de jardin.
- Fabriquez une armature de 1,80 m de haut avec des poteaux et des fils de fer horizontaux espacés de 30 cm.

Entretien de base

Après la plantation, coupez les tiges à 23 cm du sol, juste au dessus d'un bourgeon robuste et sain. Le premier été, palissez les tiges sur tous les fils du support, sauf le plus haut. La deuxième année, fixez les nouvelles tiges sur le dernier fil de fer. À l'automne, coupez tous les vieux rameaux. Faites de même les années suivantes.

Récolter

Ramassez les mûres lorsqu'elles passent du rouge au noir et sont encore fermes. Testez-les en détachant délicatement une mûre de la tige : si elle s'en va toute seule, c'est qu'elle est prête. La mûre se mange le jour de la cueillette, sinon faites-en des confitures ou congelez-la.

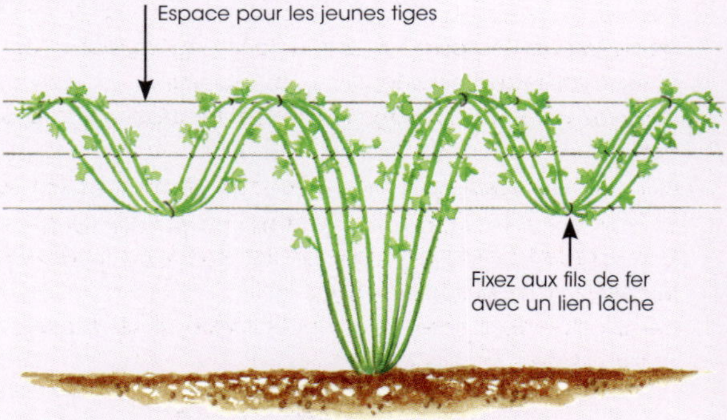

Problèmes et solutions

- **Feuilles gluantes et enroulées.** Signe de la présence d'aphidés. En grandes colonies, ils déforment les pousses et provoquent la chute des fruits. Évitez le problème en brûlant toutes les tailles et déchets en fin de saison.
- **Moisissure grise.** Se manifeste par des dépôts poudreux gris-blanc sur le feuillage, signe de conditions humides, avec un air stagnant et du froid. Évitez le problème en coupant à ras le feuillage du bas pour aérer et en nettoyant bien tous les déchets au sol.

Cassis et groseille

Bien que ces baies nécessitent des soins spécifiques, nous les avons regroupées ici, car pour la plupart des gens, elles se ressemblent. Le cassis a bien plus de succès que les groseilles.

PLANTER - À racines nues **(En pot, peu importe quand)** — **TAILLER** — **RÉCOLTER**

milieu d'hiver	fin d'hiver	début de printemps	milieu de printemps	fin de printemps	début d'été	milieu d'été	fin d'été	début d'automne	milieu d'automne	fin d'automne	début d'hiver	milieu d'hiver	fin d'hiver	début de printemps	milieu de printemps	fin de printemps	début d'été	milieu d'été	fin d'été	début d'automne	milieu d'automne	fin d'automne	début d'hiver

Le cassis et la groseille

- Plus facile à cultiver que la groseille, le cassis a des besoins différents.
- Avec le cassis, on fait généralement de la confiture ou de la crème de cassis. La groseille, délicieuse en gelée, fait merveille dans les sauces.
- On palisse facilement les groseilles, mais, dans un jardin surélevé, il est plus facile de les cultiver en buisson, tout comme le cassis.

Support de culture

Un substrat bien drainé, travaillé en profondeur et enrichi de fumier est ce qui convient le mieux au cassissier et au groseillier. Choisissez une jardinière profonde, ameublissez le sous-sol et garnissez de couches alternées de fumier, de terreau de feuilles et de compost de jardin. Le site idéal est humide, mais bien drainé, ensoleillé et bien aéré, abrité du vent.

Planter

- Plantez à la fin de l'automne ou bien de la fin de l'hiver au début du printemps pour les plantations à racines nues, et n'importe quand pour les pieds en godets.
- Creusez un trou assez large et profond pour y étaler les racines.
- Étalez 10 cm de fumier bien décomposé au fond du trou et installez-y les plantes (à racines nues ou en godets). Comblez le trou et ajustez le substrat de façon à ce que la surface soit à hauteur du collet.
- Remplissez de fumier bien décomposé et recouvrez de compost de jardin bien compacté.

Entretien de base

Une fois les cassissiers plantés, coupez tous les rameaux à 2,5 cm du sol et, la saison suivante, coupez tous les rameaux qui ont produit des fruits. Sur les groseilliers, rabattez tous les rameaux de moitié immédiatement après la plantation. À la fin de l'hiver, rabattez les rameaux qui traversent la plante par le milieu. Lorsque le fruit commence à se former, protégez le buisson des oiseaux avec un filet.

Récolter

Cueillez les baies dès qu'elles sont uniformément colorées et tant qu'elles sont encore fermes et brillantes. Procédez par grappes plutôt qu'une à une. Les bonnes années, il faut récolter une ou deux fois par semaine.

Cassissier, première saison après la plantation

Groseillier taillé en buisson

Problèmes et solutions

- **Baies qui disparaissent.** Si l'occasion se présente, les oiseaux dépouilleront tous vos buissons de leurs baies. Protégez les fruits avec des filets ou cultivez-les carrément dans des cages.
- **Feuilles trouées, racines déformées.** Dégâts sans doute causés par les capsides. Vaporisez un insecticide bio et, la prochaine fois, choisissez une variété résistante.

Groseille à maquereau

La plupart des groseilles à maquereau cueillies directement sur l'arbre sont très acides, mais une fois équeutées, cuites et servies en tourtes, crumbles ou confitures, elles sont délicieuses. Certaines variétés modernes seraient bonnes à être mangées crues, en dessert.

TAILLER **(En pot, peu importe quand)** **PLANTER - À racines nues** **RÉCOLTER**

milieu d'hiver	fin d'hiver	début de printemps	milieu de printemps	fin de printemps	début d'été	milieu d'été	fin d'été	début d'automne	milieu d'automne	fin d'automne	début d'hiver	milieu d'hiver	fin d'hiver	début de printemps	milieu de printemps	fin de printemps	début d'été	milieu d'été	fin d'été	début d'automne	milieu d'automne	fin d'automne	début d'hiver

La groseille à maquereau

- La groseille à maquereau résiste bien contre l'adversité. Un buisson totalement oublié ressurgira avec une quantité incroyable de fruits, mais la cueillette sera difficile.
- Généralement, c'est le premier fruit à mûrir. Cependant, on le voit rarement dans le commerce, raison de plus pour le cultiver dans son jardin.

Support de culture

Le groseillier à maquereau se plaît dans quasiment tous les substrats travaillés en profondeur et riches en fumier. Capable de pousser dans un recoin froid et humide du jardin, il a davantage de risques d'être victime de moisissures et de maladies que dans un emplacement clair et ensoleillé. L'idéal est une jardinière humide mais bien drainée, riche en fumier bien décomposé pour conserver l'humidité, située dans un endroit ensoleillé, ouvert et aéré, abrité du froid côté vents dominants.

Planter

- Plantez du milieu à la fin de l'automne ou de la fin de l'hiver au début du printemps pour les pieds à racines nues, et quand on veut pour ceux en godets.
- Creusez un trou assez large et profond pour bien étaler les racines.
- Répandez 10 cm de fumier bien décomposé au fond du trou et installez-y les pieds (à racines nues ou en godets). Sortez délicatement les plantes de leurs godets et disposez-les de façon à être à niveau avec le substrat.
- Comblez le trou d'un mélange de fumier bien décomposé et recouvrez de compost de jardin compacté.

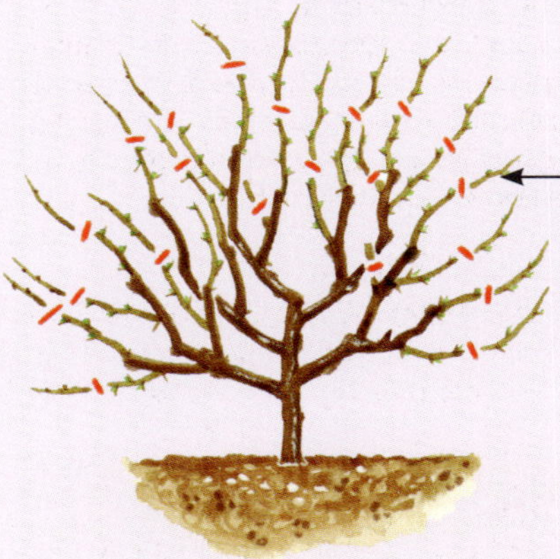

Les deux premières saisons, rabattez les jeunes rameaux pour obtenir un buisson de forme allongée

Entretien de base

Après repiquage, taillez chaque branche principale de moitié. Faites de même l'automne suivant avec les pousses de l'année. À la fin de la saison suivante, raccourcissez de moitié toutes les pousses de la saison et éliminez celles qui encombrent le centre. Un groseillier ouvert facilite le ramassage.

Récolter

Cueillez les fruits à cuire dès qu'ils prennent de la couleur, alors qu'ils sont encore durs. Les groseilles à maquereau à manger crus se récoltent légèrement plus molles. Les bonnes années, il faut cueillir une ou deux fois par semaine.

Problèmes et solutions

- **Feuilles déformées et enroulées.** Sans doute le fait des aphidés. Aspergez-les avec une solution bio, puis lavez à l'eau claire et, en hiver, vaporisez avec un insecticide biologique.
- **Feuilles trouées.** C'est généralement le travail d'une des mouches ravageuses. En fin de saison, retirez 7,5 à 10 mm de hauteur à la surface de la jardinière et brûlez, puis aspergez d'un insecticide biologique. Attention à ne pas brûler les racines proches de la surface.

Rhubarbe

Les tiges de rhubarbe fraîchement cueillies dans le jardin, cuites en compote et dégustées dans la foulée, sont parfumées et savoureuses, un vrai régal. Les enfants en raffolent, surtout accompagnée de crème anglaise, de yaourt ou de crème glacée, ou mieux encore en crumble.

PLANTER Racines (fin d'hiver – début de printemps) **RÉCOLTER** (fin de printemps – début d'été)

milieu d'hiver	fin d'hiver	début de printemps	milieu de printemps	fin de printemps	début d'été	milieu d'été	fin d'été	début d'automne	milieu d'automne	fin d'automne	début d'hiver	milieu d'hiver	fin d'hiver	début de printemps	milieu de printemps	fin de printemps	début d'été	milieu d'été	fin d'été	début d'automne	milieu d'automne	fin d'automne	début d'hiver

La rhubarbe

- La rhubarbe est un légume que nous consommons comme fruit.
- On peut la cultiver à partir de graines, mais la multiplication est plus rapide et plus courante aussi par division des racines.
- Les mêmes plants peuvent être productifs pendant 20 ans au même endroit. Mais les jardiniers passionnés replantent en général tous les 5-10 ans.
- Les feuilles contiennent un taux élevé de substances toxiques. Retirez-les et jetez sur le tas de compost.

Support de culture

Le support de culture idéal est une riche tourbe profonde, fraîche, humide et bien drainée. La rhubarbe n'aime pas les sols marécageux. La préparation des jardinières se fait à l'automne avec d'abondantes couches de fumier. Le site idéal pour les variétés précoces est chaud et bien drainé, à l'abri des vents froids, avec le sol en pente côté soleil. Les variétés plus tardives supportent une situation plus ouverte et un substrat plus lourd. Bien qu'il lui faille beaucoup d'eau tout au long de la période de croissance, et bien qu'un sol détrempé ne lui convienne pas, un sol trop sec est aussi néfaste.

Planter

- **Fin de l'hiver-début du printemps.** Plantez des racines dormantes divisées dans le sol préalablement enrichi de fumier. Creusez un trou profond de 30 cm et assez large pour accueillir les racines bien étalées. Installez-y les plantes, à intervalle de 75 cm en rangées espacées de 90 cm.
- Comblez autour de la racine avec un mélange de compost de jardin et de vieux fumier jusqu'à ce que seule l'extrémité de la plante soit visible.

Support de culture : profond, riche et humide
Exposition : ensoleillée et abritée
Récolte : tirez la base de la plante à la main avec un mouvement pivotant

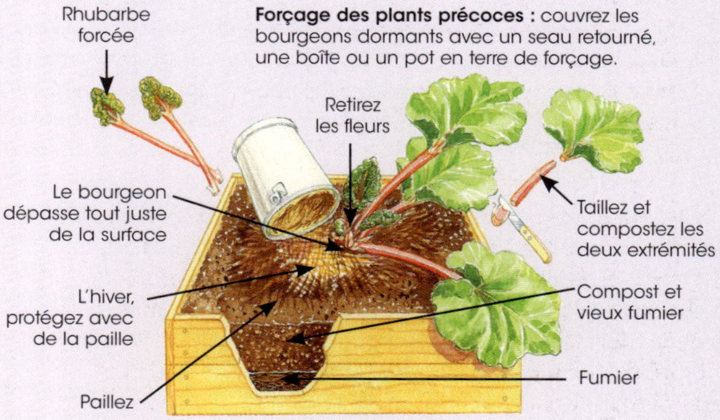

Forçage des plants précoces : couvrez les bourgeons dormants avec un seau retourné, une boîte ou un pot en terre de forçage.

Entretien de base

Une fois la plantation terminée, binez la surface pour l'ameublir et couvrez d'un épais paillage de fumier bien décomposé. Arrosez souvent. Retirez les tiges de fleurs. Encouragez la précocité en recouvrant les plantes de paille et de polyéthylène noir.

Récolter

Du début du printemps au milieu de l'été. Coupez les extrémités, jetez les déchets sur le compost et passez à la tige suivante.

Problèmes et solutions

- **Pourriture de la souche.** Zone de pourriture brune visqueuse sur le côté de la couronne ; les tiges et les pousses ont un aspect flétri. Dès les premiers signes, brûlez la plante, car cette affection peut ravager une jardinière entière. Cultivez une variété totalement différente à l'autre bout du jardin.
- **Pourriture de l'extrémité.** Veillez à toujours laisser l'extrémité dépasser du substrat.

Maladies et ravageurs

Comment maintenir les plantes en bonne santé ?

Il existe beaucoup de produits biologiques, comme par exemple la décoction de feuilles de tomate à vaporiser sur les pucerons ou la solution à base d'ail et d'huile, efficaces antifongiques, antibactériens et insecticides. Mais il vaut mieux commencer par la prévention, c'est-à-dire protéger les cultures avec des filets, des voiles et autres protections physiques contre les insectes et autres ravageurs.

Ravageurs et maladies des parties aériennes : symptômes et traitements

Oiseaux

Causent des dégâts sur les plantes. Protégez avec des filets ou, mieux, plantez des graines spécialement pour les oiseaux, en sachant que certaines espèces sont bénéfiques contre les insectes ravageurs.

Limace et escargot

Laissent des dégâts baveux sur les feuilles et les tiges. Retirez-les à la main. Certains jardiniers préconisent d'entourer les plates-bandes de cuivre débarrassé de la gaine des fils électriques. Ils estiment que le cuivre possède une vertu, peut-être la chaleur ou un choc électrique, ou l'oxyde de cuivre, qui maintient ces ravageurs à distance.

Piéride du chou

Les œufs et les chenilles de ce papillon ont l'apparence de trous : protégez avec du filet fin qui repoussera les papillons. Ramassez et détruisez les œufs et les chenilles.

Teigne des crucifères

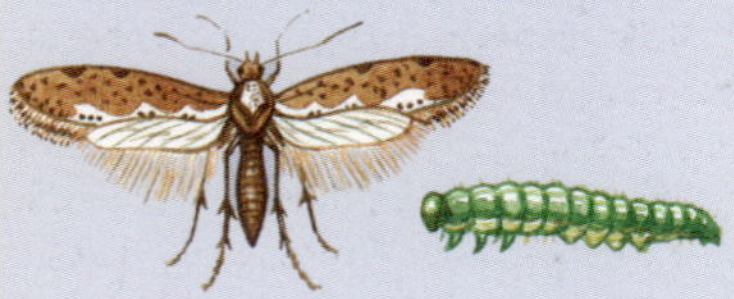

Les chenilles se nourrissent sur l'envers des feuilles. Protégez des papillons avec un filet et retirez les chenilles à la main.

Punaise verte des pousses

Troue les feuilles et influe sur la croissance. Aspergez d'une solution bio.

Araignée rouge

Les nervures des feuilles deviennent jaune-rouge-brun et le feuillage revêt une poussière rouille. Aspergez d'huile de neem (margousier, solution bio) ou avec une préparation maison à base d'huile et coriandre.

Perce-oreille

Ressemble à des trous dans les feuilles. On le piège avec des pots renversés remplis de paille ; l'éliminer avec une solution d'ail et de poivre.

Aleurode des serres

Se présente sous forme d'amas d'œufs sur l'envers des feuilles et de feuilles déformées. Vaporisez de savon insecticide ou aspergez de poudre d'algue.

Virus de la mosaïque

Les feuilles présentent des zones tachetées de vert-jaune et la plante finit par dépérir. Aspergez de tabac et d'eau, et brûlez les plantes trop touchées.

Criocère de l'asperge

Elle ravage les feuilles et les tiges. Ramassez et détruisez les coléoptères, les larves et tous les déchets.

Altise

Fait des petits trous dans les feuilles. Aspergez d'un mélange d'huile et d'ail, et brûlez les déchets.

Rouille

Se manifeste par une atteinte brune sur les feuilles. Une vaporisation à l'huile et à l'ail semble être efficace, ou bien vaporiser d'huile de neem (ou de margousier). Brûlez tous les déchets en fin de saison pour éviter la propagation.

Moisissure des feuilles de tomate

Les feuilles deviennent marron-jaune et la plante dépérit. Retirez les feuilles atteintes et aspergez les plantes avec un mélange d'eau, de bicarbonate de sodium, d'huile végétale et de liquide vaisselle.

Aphidés, pucerons

Un mucus gluant témoigne d'une infestation. Aspergez d'ail et de poivre, et brûlez les déchets.

Charbon du blé

Se manifeste par un dépôt noirâtre sur les feuilles, qui s'étale au toucher. Très difficile à réguler. Nettoyez en vaporisant d'eau savonneuse et/ ou en aspergeant d'huile de neem. Brûlez tous les déchets en fin de saison et, la prochaine fois, faites mieux en choisissant des pieds résistants dans un bac différent.

Souris

S'attaque aux cultures, notamment aux petits pois, en mangeant les graines et mâchonnant les cosses. Après avoir essayé les pièges, la paraffine, le grillage et les filets, vous pouvez semer les petits pois en serre dans des longueurs de gouttières en plastique et attendre qu'ils aient 5–6 cm de haut pour les repiquer dans les plates-bandes entourées de filets.

Puceron noir

Se manifeste par un amoncellement de pucerons noirs gluants sur les feuilles et les tiges. Aspergez avec un mélange de savon et d'huile minérale blanche. Favorisez aussi la présence de coccinelles et autres insectes prédateurs des pucerons.

Charançon du pois et du haricot

Il fait des dégâts lorsqu'il mord et grignote le bord des feuilles. Saupoudrez de roténone autour des feuilles et brûlez tous les déchets.

Thrips du pois

Provoque des déformations de la cosse et une coloration brun argenté. Aspergez d'insecticide et brûlez tous les débris pour éviter le problème.

Mite du pois

Les pois sont infestés d'asticots. Prévenez le problème en entourant la plate-bande de voile ou de filet et aspergez de savon naturel.

Mildiou

Des taches noires et brunes apparaissent sur les feuilles et le tubercule est mou et croûteux. Très difficile à éliminer. Débarrassez les plates-bandes, brûlez les déchets et, la prochaine fois, plantez des variétés résistantes dans une autre plate-bande.

Virus de l'enroulement de la pomme de terre

Le bord des feuilles est enroulé. Aspergez de solution antipuceron et, la prochaine fois, plantez une variété résistante.

Graisse du haricot

Provoque des galles molles, couleur rouille, sur les feuilles jusqu'à ce que la plante finisse par dépérir. Commencez par essayer une solution bio. Si cela ne marche pas, arrachez et brûlez les plantes. La prochaine fois, plantez des variétés résistantes aux maladies dans de nouvelles plates-bandes.

Mildiou poudreux

Poudre farineuse sur les feuilles. Aspergez d'un mélange de lait et d'eau.

Pourriture du cœur de céleri

Pourriture brune au centre de la plante. Évitez le problème en attachant fermement la plante avec du raphia et en la buttant progressivement de façon à dissimuler les tiges et protéger le centre de l'eau stagnante.

Mouche du céleri

Plaies brunes sur les feuilles et flétrissement. Récoltez et tuez les larves. Aspergez les plantes avec une solution de savon. Buttez pour réduire le problème.

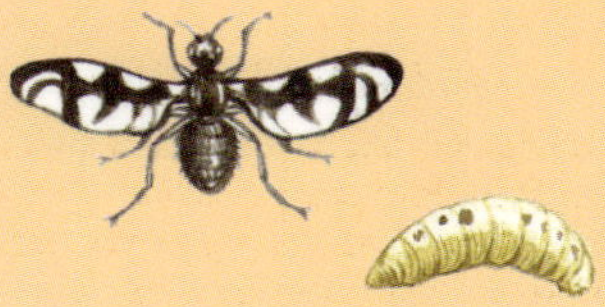

SOLUTIONS BIOLOGIQUES MAISON

Sachez que, dans certains pays et certaines circonstances, la fabrication de produits maison traditionnels de lutte contre les insectes et ravageurs est illégale.

- **Ail et piment.** Ajoutez 3 gousses d'ail écrasées et 1 cuillerée d'huile végétale à 3 cuillerées de sauce de piment fort. Laissez reposer la nuit. Ensuite, ajoutez le mélange à 1 petite cuillerée de liquide vaisselle neutre et ajoutez le tout à 4 verres d'eau. Aspergez ce mélange tel quel.
- **Ail et huile.** Ajoutez 3 gousses d'ail écrasées à 2 petites cuillerées d'huile minérale, laissez reposer une journée, puis passez et ajoutez 0,5 litre d'eau. Secouez et ajoutez 1 petite cuillerée de liquide vaisselle. Pour asperger, mélangez 2 cuillerées avec 0,5 litre d'eau.
- **Feuilles de tomate.** Faites tremper 2 tasses remplies à ras bord de feuilles de tomate hachées dans 2 verres d'eau, laissez reposer la nuit, puis passez. Lorsque vous vous en servez, délayez 1 mesure de produit dans 1 mesure d'eau.
- **Savon insecticide.** 1 petite cuillerée de savon pur sans odeur mélangée avec 1 litre d'eau. Le mélange dissout des insectes tels les pucerons, les thrips et de nombreux insectes à écailles.
- **Huile de neem (margousier).** L'huile de graines de neem repousse les vers du chou, les pucerons, les larves de papillons de nuit et attaque le mildiou poudreux et la rouille. 25 g d'huile de neem et quelques gouttes de savon liquide mélangés avec 4 litres d'eau constitue un bon produit pour traiter toutes sortes de moisissures et de mites.

Ravageurs et maladies des parties souterraines : symptômes et lutte

Limace et escargot

Ils laissent des traces visqueuses et provoquent des dégâts sur les racines, les fruits et les pousses.

Ces ravageurs n'aiment pas les barrières de cendre ou de coquilles d'œufs brisées, le poil humain et animal, le son, les brins d'avoine et le romarin étalés autour des plantes. Agrafer un fil de cuivre continu sur le pourtour en haut du bac est un autre obstacle efficace. Essayez aussi les pièges comme un récipient contenant un fond de bière dans laquelle le ravageur tombe et se noie.

AVERTISSEMENT

Pour tous les vaporisateurs faits maison, traditionnels ou du commerce, toujours faire un essai en vaporisant parcimonieusement une seule plante pour en vérifier l'efficacité ou la nocivité. Il faut aborder les vaporisateurs et traitements avec un principe de prudence : portez donc des gants, un masque et des lunettes, et lavez soigneusement votre peau si vous avez été en contact avec le produit. Étiquetez ou jetez tous les restes.

Cloporte

On aperçoit souvent son dos à carapace dure lorsqu'il rampe ou se roule en boule. Il fait des dégâts en mastiquant les racines et les jeunes plants. Retirez tous les déchets autour des plantes et brûlez-les. Ratissez le sol pour perturber les cloportes et aspergez d'un mélange de savon liquide et d'huile végétale (1 mesure d'huile et un jet de savon liquide pour 100 mesures d'eau).

Mouche du chou

Vous remarquerez de petits asticots blancs dans le substrat et des dégâts sur les racines. Les plantes dépérissent et finissent par mourir. Saupoudrez autour des racines avec de la roténone et brûlez les plantes en fin de saison.

Mille-pattes

Avec ses innombrables pattes, il ravage les racines. On peut le piéger avec des boîtes de conserve remplies d'épluchures de carotte ou de pomme de terre, ou bien l'asperger d'une préparation à base d'ail et de piment.

Pourriture de la souche et des tiges

Vous constaterez un amas mou brunâtre autour du bas de la tige et un flétrissement de la plante. Vaporisez avec du raifort semble efficace. Ajoutez 1 verre de raifort en solution avec 475 ml d'eau et laissez reposer la nuit. Passez le liquide et mélangez à 2 litres d'eau. Le produit obtenu est un bon traitement pour de nombreuses affections d'origine fongique.

Pourriture des racines

Provoquée par diverses affections d'origine fongique, une pourriture brune humide apparaît et la plante dépérit. Brûlez les plantes touchées et évitez le problème la prochaine fois en choisissant une plate-bande très bien drainée et en augmentant la quantité de compost.

Ver gris

Il s'agit de la chenille de plusieurs espèces de papillons de nuit. Les symptômes sont des tiges et des racines mâchonnées. De la farine de maïs et du son dispersés dans le jardin tuent les vers gris.

Tipule

Les grosses larves des tipules s'attaquent aux racines. Aspergez le sol d'un mélange de savon liquide et d'eau. Sachez cependant que, si les larves s'attaquent aux racines, le papillon adulte, lui, se nourrit de pucerons, mites et sauterelles.

Hernie

Il y a, tout d'abord, comme des verrues sur les racines, puis la plante finit par dépérir et mourir. Aucun remède. Il faut brûler les plantes affectées dès que possible. La prochaine fois, il faudra planter des variétés résistantes dans des plates-bandes différentes.

Larves de hannetons

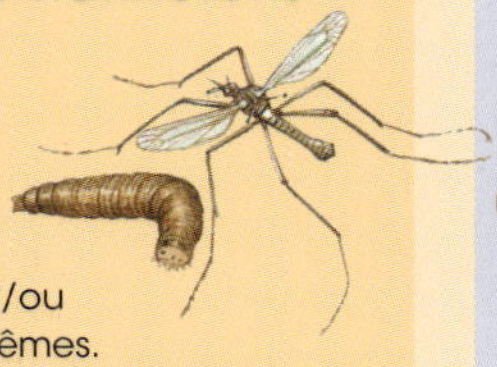

Vous pouvez découvrir des larves se nourrissant des racines et des tubercules et/ou les dégâts eux-mêmes. Retirez et brûlez tous les déchets, puis aspergez avec une préparation à base d'ail et d'huile.

Taupin

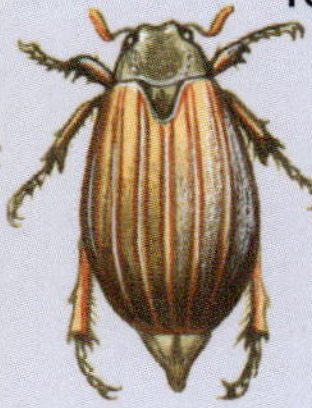

Les larves vertes des taupins s'attaquent aux racines, aux tiges et aux tubercules. Les vaporisateurs à l'ail et à l'huile sont très efficaces.

Nématode à galles

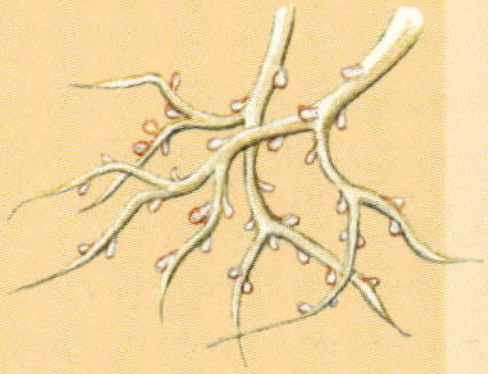

Apparition de nodules sur les racines de nombreux légumes, puis la croissance de la plante est stoppée. Retirez les racines touchées, laissez reposer le sol 3 semaines, puis aspergez d'un mélange de mélasse de sucre et d'eau. Ajouter du paillage de fumier de volaille frais peut contribuer à régler le problème.

Autres problèmes

J'ai des problèmes, pouvez-vous m'aider ?

Dégager une zone du jardin, fabriquer des bacs surélevés, les remplir de divers mélanges de fumier, de compost de jardin et de résidu de champignonnière, planter les légumes dans les jardinières et se bagarrer avec la nature pour obtenir une bonne production, voilà des activités riches d'engagements et d'expériences. On peut obtenir un succès total une année et une succession de problèmes la suivante. Le jardinage surélevé est une activité pleine de défis.

SOLUTIONS AUX PROBLÈMES DES JARDINS SURÉLEVÉS

Question	Réponse
Le terrain est saturé de mauvaises herbes, c'est une vieille pelouse défoncée. Par où commencer ?	Coupez et brûlez autant de mauvaises herbes que possible. Arrachez et brûlez les orties, les chardons et le rumex, puis recouvrez le terrain entier de polyéthylène noir.
J'ai passé des semaines à fabriquer et à installer des bacs, mais des mauvaises herbes apparaissent dans les allées. Que puis-je faire ?	Dès que les jardinières sont préparées et installées, recouvrez les passages de polyéthylène noir, de moquette ou de tout ce qui peut priver les mauvaises herbes de lumière, puis tapissez de copeaux de bois.
Je fabrique des bacs avec du bois de 23 cm x 5 cm, traité et scié (voir p. 7), mais je pense que quelques-uns devraient être plus profonds. Que puis-je faire ?	Le plus facile est de fabriquer des cadres supplémentaires, aux mêmes dimensions mais cette fois-ci avec du bois moins cher, en 15 cm x 2,5 cm. Vous pourriez ainsi augmenter la hauteur de votre bac par tranche de 15 cm.
Pourquoi qualifiez-vous la terre de « support de culture » ?	La « terre » désigne le sol naturel, la surface de la terre, composée de roche, de particules minérales et de matière organique. Le contenu d'une jardinière est un mélange d'éléments rapportés, donc pas de la terre. Ce terme de « support de culture », ou substrat, souligne qu'il a été créé et dosé.
Quel est le bon mélange pour remplir un bac ?	Des parts égales de résidu de champignonnière, de fumier de ferme frais, de compost de jardin et de fumier de poule bien décomposé. Vous pouvez ensuite pailler avec le compost de jardin ou le fumier de ferme en ajoutant parfois du fumier de cheval (évitez la tentation de vous servir, pour vos plates-bandes, de terre arable qui contient des graines de mauvaises herbes).
Notre terrain est en pente. Quelle est la meilleure façon de placer nos plates-bandes ?	Mettez vos bacs de niveau, en mesurant avec un niveau, et installez-les en terrasses. Selon le degré de la pente, vous devrez légèrement creuser la terre d'un côté du bac ou soulever l'autre côté. Rehaussez-le avec des briques et ajustez la hauteur en vérifiant avec l'appareil. Ensuite, vous pourrez remplacer les briques par une planche vissée.
Puis-je adapter la hauteur et la largeur des bacs à mon handicap physique ?	Quasiment tout peut être modifié dans un tel bac, sauf la largeur : 90 cm, qui permet de travailler des deux côtés sans marcher sur le substrat. Si vous pouvez vous étirer mais non vous plier, augmentez plutôt la hauteur du bac pour que la plate-bande soit à un niveau commode. Augmentez la largeur des chemins pour permettre le passage d'un fauteuil roulant, une poussette ou une brouette à moteur.
Comment se protéger des papillons ?	Le plus facile est de planter deux bouts de tuyau d'arrosage en arceaux, dans la plate-bande, et de tendre un filet fin par dessus, en forme de mini-tunnel. Vous éloignerez ainsi les papillons avant même qu'ils n'aient eu le temps de pondre leurs œufs.

SOLUTIONS AUX PROBLÈMES DES JARDINS SURÉLEVÉS

Question	Réponse
Est-ce possible de fabriquer les côtés du bac avec de petites balles de paille ?	Vous pouvez utiliser toutes sortes de matériaux de récupération, bois, briques, pierres, béton, tôle ondulée ou balles de paille, pour confectionner les côtés des jardinières. La seule condition étant que ce soit un matériau résistant et adaptable. La paille convient donc, mais comptez la changer tous les ans et lorsque la balle se défait. Vous pouvez alors la recycler comme paillage pour votre plate-bande.
J'ai tapissé les passages de polyéthylène, puis recouvert de copeaux de bois, comme indiqué. Que dois-je en faire quand il commence à se désagréger ?	Les copeaux de bois sont ce qu'il y a de mieux pour les passages : ils sont fermes sous le pied, ne glissent pas, se désherbent facilement, se commandent sur stocks et, quand ils pourrissent, on peut les étaler comme paillage sur les plates-bandes. Ils sont totalement en phase avec le cycle « culture bio, hors-sol et recyclage ».
Que faire contre les souris qui dévorent mes petits pois ?	Semez les graines dans une serre, dans une longueur de gouttière en plastique (voir p. 25). Lorsque les plantes atteignent 5-7,5 cm, glissez les plants de petits pois dans les plates-bandes préparées et entourez-les d'un grillage fin. Mettez aussi un ou deux pièges dans les bacs et surveillez.
Est-il vrai que je peux conserver mes pieds de haricots d'Espagne d'une année sur l'autre ?	Le haricot d'Espagne est généralement cultivé comme plante annuelle, alors que c'est en réalité une vivace. Vous pouvez obtenir une récolte précoce en déracinant la plante au début de l'automne, une fois la récolte finie, et en la conservant pour la replanter au printemps suivant. Une fois le haricot d'Espagne mort, taillez le vieux feuillage à 7,5 cm du sol et soulevez délicatement les racines à l'aide d'une fourchette. Lavez-les et conservez-les à l'intérieur au frais et au sec. Repiquez les racines au printemps et procédez comme pour les graines.
Vos « intervalles » ou « espacements » semblent bien plus courts que ceux des potagers classiques. Comment cela se fait-il ?	La méthode de jardinage surélevé imite la nature : le substrat quasiment intact regorge d'organismes favorables dans des conditions quasi parfaites. Vous pouvez faire le tour complet du bac sans avoir à marcher sur le substrat, ce qui permet des distances plus courtes entre les rangs de légumes. L'idéal est de les placer de façon à ce que les plantes adultes recouvrent toute la plate-bande et cache le substrat.
L'orientation de la culture par rapport au soleil a-t-elle une importance ?	Beaucoup de choses dépendent de l'emplacement de votre terrain, de la forme du sol et de son exposition. Par exemple, si vous vivez sur un terrain en pente, à l'ombre de grands arbres à la limite ouest, le terrain sera ensoleillé du lever du soleil jusqu'en fin d'après-midi, ensuite il sera à l'ombre. Tenant compte de cela, essayez de disposer les légumes élevés, comme le haricot d'Espagne, en rangée d'est en ouest, pour qu'ils aient du soleil des deux côtés. L'orientation des petites plantes basses comme les courgettes n'a pas beaucoup d'importance, à condition qu'elles ne soient pas à l'ombre des plus grandes. Tout le but de l'exercice consiste à s'appliquer à ce que toutes les plantes reçoivent leur compte de soleil.
Mes bacs à compost en bois de 90 cm^2 sont quasiment pleins et il y en a trop pour tout utiliser cette année. Est-il possible d'y cultiver des courgettes ?	Bonne idée. Ajoutez par-dessus 15 cm de fumier de ferme bien décomposé et plantez-les. Vous obtiendrez certainement une bonne récolte !

Index

Imprimé en Espagne par Graficas Estella, Estella
Dépôt légal : février 2012
305345/01-11012711 janvier 2012